Prevención del acoso sexual y por razón de sexo. CTRI0002

Paula Sánchez Moar

ic editorial

Prevención del acoso sexual y por razón de sexo. CTRI0002
© Paula Sánchez Moar

1ª Edición

© IC Editorial, 2025

Editado por: IC Editorial
c/ Cueva de Viera, 2, Local 3
Centro Negocios CADI
29200 Antequera (Málaga)
Teléfono: 952 70 60 04
Fax: 952 84 55 03
Correo electrónico: iceditorial@iceditorial.com
Internet: www.iceditorial.com

ISBN: 978-84-1184-648-6
Depósito Legal: MA 353-2025

Impresión: PODiPrint
Impreso en Andalucía – España

Nota de la editorial: IC Editorial pertenece a Innovación y Cualificación S. L.

Especialidad formativa

Se entiende por especialidad formativa la agrupación de contenidos, competencias profesionales y especificaciones técnicas que responde a un conjunto de actividades de trabajo enmarcadas en una fase del proceso de producción y con funciones afines.

Las especialidades formativas de Uso General, Formación Complementaria, Formación Modular y las especialidades formativas dirigidas a la obtención de certificados de profesionalidad se incluyen en el Fichero de Especialidades del Servicio Público de Empleo Estatal para su gestión en todo el territorio nacional por cualquier Administración competente.

Las especialidades complementarias, pertenecen todas a la Familia profesional de Formación Complementaria (FCO) y tienen la consideración de formación transversal en áreas que se consideran prioritarias tanto en el marco de la Estrategia Europea para el Empleo y del Sistema Nacional de Empleo como en las directrices establecidas por la Unión Europea. Se consideran áreas prioritarias las relativas a tecnologías de la información y la comunicación, la prevención de riesgos laborales, la sensibilización en medio ambiente, la promoción de la igualdad, la orientación profesional y aquellas otras que se establezcan por la Administración competente.

Las especialidades de Certificado de profesionalidad tienen una duración especificada en su normativa reguladora.

En el resultado de la búsqueda, se muestran las unidades de competencia, todos los módulos formativos con su duración y las unidades formativas del certificado correspondiente, con su duración. Las horas del certificado, exclusivo de las especialidades de certificado de profesionalidad, con alta igual o superior a 2008, son las horas totales más las horas del módulo de Prácticas Profesionales no Laborales.

- ⮑ **Si la especialidad tiene unidades formativas,** las horas totales, presencial, distancia, teleformación serán igual a la suma de esas horas de las unidades formativas de los distintos módulos, sin que se repita ninguna Unidad formativa.

‣ **Si la especialidad no tiene unidades formativas,** las horas totales, presencial, distancia, teleformación serán igual a las sumas de esas horas de los módulos formativos, eliminando las horas de los módulos repetidos.

https://sede.sepe.gob.es/especialidadesformativas/RXBuscadorEFRED/BusquedaEspecialidades.do

(Fuente: Servicio Público de Empleo Estatal)

Índice

OBJETIVOS GENERALES

Los objetivos generales del **CTRIO002. Prevención del acoso sexual y por razón de sexo,** son los siguientes:

- ⮑ Elaborar herramientas para abordar las situaciones de acoso sexual y por razón de sexo que se hayan identificado previamente en el sector laboral.
- ⮑ Analizar las situaciones de desigualdad a las que están sometidas las mujeres por el hecho de serlo, e identificar y diferenciar el acoso sexual y por razón de sexo.
- ⮑ Elaborar herramientas para abordar el acoso sexual y por razón de sexo en el empleo y aplicarlas.

Las desigualdades de género y el acoso sexual y por razón por sexo

Contenido

Objetivos

El objetivo general de esta Unidad de Aprendizaje es:

→ Analizar las situaciones de desigualdad a las que están sometidas las mujeres por el hecho de serlo e identificar y diferenciar el acoso sexual y por razón de sexo.

Los objetivos específicos de esta Unidad de Aprendizaje son:

→ Comprender el impacto del acoso sexual y por razón de sexo en todos los ámbitos de la sociedad.

→ Conocer los derechos y los recursos disponibles que tenemos las trabajadoras.

→ Diferenciar los distintos tipos de violencia de género con el fin de aumentar la conciencia y fomentar la prevención en diversos contextos.

1. Introducción

Las desigualdades por razón de sexo y el acoso sexual tienen su origen en el principio de la historia, en ese contrato social en el que la mujer quedaba anulada y relegada a los espacios privados, lo que nos sirve para entender y poder romper los muros del machismo y el posmachismo actual. Se ha mejorado mucho en la libertad de las mujeres gracias a la lucha y los movimientos feministas a lo largo de los años. Aun así, queda camino, las violencias evidentes, como es la violencia machista en todas sus acepciones y la violencia simbólica (más sutil y sibilina), siguen acompañando a las mujeres en la actualidad, aún más si cabe por la doble moral existente.

Las violencias sutiles son complejas de detectar y, por tanto, difíciles de denunciar. Esto se debe principalmente a que están arraigadas en el ADN e impresas en el alma. La convivencia con ellas se manifiesta de manera natural.

Para abordar esta cuestión nos centraremos en el caso de Innovatech Global, una empresa que se dedica a la consultoría y desarrollo de *software,* que se ha comprometido públicamente con la igualdad de género y que cuenta con un plan de igualdad y un protocolo de prevención y actuación frente al acoso sexual y por razón de sexo.

2. Comparación entre la igualdad de oportunidades entre mujeres y hombres

 **HILO CONDUCTOR**

En Innovatech Global, la promoción de la igualdad entre hombres y mujeres es una prioridad, que se implementa a través de diversas estrategias y políticas, diseñadas para asegurar que todos los empleados tengan las mismas oportunidades de crecimiento y desarrollo profesional, independientemente de su género.

La igualdad de oportunidades entre hombres y mujeres ha sufrido una asimetría histórica, basada en gran parte en la desigualdad de derechos de las mujeres frente a los de los hombres. Nuestros antepasados estaban sumergidos en una sociedad patriarcal en la que las mujeres no tenían ni voz ni voto. Eran consideradas por los filósofos que marcaban las leyes sociales como seres inferiores, como por ejemplo en palabras C. Jung:

Nadie puede soslayar el hecho de que, al seguir una vocación masculina, estudiar y trabajar como un hombre, la mujer está haciendo algo que no corresponde del todo con su naturaleza femenina, si no es directamente perjudicial.

Partiendo de esta premisa, y a pesar de todas las luchas feministas desde los años 70 hasta hoy, podemos entender por qué este tipo de desigualdades sigue siendo un lastre en la evolución natural de las mujeres. Las mujeres vivieron relegadas al espacio privado sin poder desarrollarse en el espacio público. Todos estos años de represión y reclusión han derivado en que las oportunidades de las mujeres hayan sido ocultas y el camino que recorrer para conseguir la igualdad sea aún largo y complejo. Estas desigualdades desembocan en una forma de control hacia las mujeres. Para ello hablaremos de la **violencia económica.**

La desigualdad de oportunidades entre hombres y mujeres comienza desde la infancia. Las consecuencias son evidentes en el mundo laboral.

La **violencia económica** es una forma de violencia contra las mujeres que se retroalimenta y se oculta bajo otro tipo de violencias más evidentes. Pero no por ello deja de ser importante, al contrario, tiene una base muy clara de intento de control de los que la ejercen hacia sus víctimas. La primera vez que se nombra la violencia económica como un agente disociado de "daño económico" es en el **Convenio del Consejo de Europa Estambul 2011** sobre prevención y lucha contra la violencia contra la mujer, en el que se nombra, pero aún no se desarrolla ni se marcan ningún tipo de indicadores de medición.

 **PARA SABER MÁS**

Si lo deseas puedes consultar el Convenio del Consejo de Europa Estambul 2011 accediendo desde aquí:

https://redirectoronline.com/ctri00020101

El **Observatorio de Igualdad de Oportunidades entre Mujeres y Hombres** tiene como finalidad, por un lado, el análisis de la situación de la mujer en diversos sectores, como el empleo, la educación, la sanidad, la exclusión social, el poder y toma de decisiones; por otro, evaluar cómo las políticas de igualdad traducidas en planes y medidas de igualdad tienen un efecto productivo en estas políticas y en la sociedad en general.

Tasa de empleo según niveles de educación. España, 2023

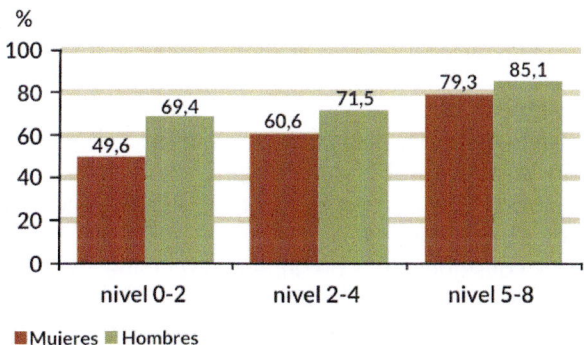

Fuente: Encuesta Europea de Fuerza de Trabajo (LFS). Eurostat

En esta gráfica podemos observar la brecha de género en las tasas de empleo según el nivel educativo extraído del Observatorio de Igualdad.

Esta gráfica es un indicador de que la brecha de género, aunque más sutil, sigue existiendo, y que constituye una muestra de esta realidad alarmante, en la que las mujeres y los hombres pertenecemos a mundos distintos y tenemos un futuro dirigido desde nuestro nacimiento, sobre todo un futuro limitado y a merced de las expectativas sociales. Esto se va desarrollando desde la infancia. Cuando somos muy pequeños consideramos que el mundo es libre y que tenemos a nuestro alcance las oportunidades equiparadas, pero por desgracia es solo un espejismo, porque las fuerzas de la naturaleza (en este caso los estereotipos y la sociedad patriarcal) nos van delimitando el camino que seguir.

Las desigualdades que se generan y que limitan la libre decisión de las mujeres, acortando sus oportunidades, son:

- **Control coercitivo.** Este tipo de control sobre las mujeres implica la manipulación para ejercer poder sobre su comportamiento, limitando y anulando su toma de decisiones, usando para ello la manipulación, las amenazas, la intimidación, etc. Se cataloga como un tipo de violencia psicológica.
- **Discriminación salarial.** Una mujer y un hombre realizan el mismo trabajo en la misma empresa, pero el hombre recibe un salario más alto simplemente por ser hombre.
- **Paro femenino.** Es un problema que afecta a las mujeres de manera desproporcionada en comparación con los hombres. Las causas son multifacéticas, incluyendo la discriminación, la segregación ocupacional y las desigualdades en el acceso a recursos y oportunidades.
- **Trabajo de cuidadoras.** Las mujeres que están abocadas al trabajo del cuidado suelen dedicarse a labores relacionadas con el cuidado de otras personas, como hijos, ancianos o personas con discapacidad. Este tipo de trabajo puede ser remunerado o no remunerado. Suele incluir una variedad de tareas, que abarcan desde la asistencia personal hasta la gestión de la vida diaria de quienes necesitan apoyo.
- **Explotación laboral.** Se refiere a prácticas injustas y abusivas en el ámbito laboral que afectan desproporcionadamente a las mujeres. Esta explotación puede manifestarse de diversas maneras y suele estar vinculada a desigualdades de género, discriminación y falta de protección adecuada.
- **Exclusión social y pobreza.** La exclusión social y la pobreza afectan a las mujeres de manera significativa, limitando su participación plena en la sociedad y su capacidad para mejorar su calidad de vida. Abordar estos problemas requiere de un enfoque integral, que incluya políticas de igualdad, apoyo económico y acceso a servicios esenciales.
- **Dificultad préstamos bancarios.** La dificultad para acceder a préstamos bancarios para mujeres es un problema que refleja desigualdades

en el acceso a servicios financieros y tiene impacto significativo en su capacidad para avanzar económica y profesionalmente. Para abordar estas dificultades se precisa un enfoque integral que incluya políticas inclusivas, apoyo educativo y mecanismos financieros adaptados.

⇨ **Gestación subrogada.** La gestación subrogada puede ser vista como un aspecto de desigualdad de género, debido a varias razones relacionadas con la explotación, el poder y las normas sociales. Aunque la gestación subrogada puede ofrecer una solución para quienes desean tener hijos y no puedan hacerlo por sí mismos, también plantea preocupaciones significativas sobre cómo afecta a las mujeres, particularmente a las gestantes subrogadas.

⇨ **Explotación sexual.** Es una grave violación de los derechos humanos que implica el uso y abuso del cuerpo femenino con fines sexuales, generalmente en contextos de coerción, manipulación o desigualdad de poder. Esta explotación puede manifestarse de diversas maneras y tiene impactos devastadores en la vida y bienestar de las mujeres afectadas.

 SABÍAS QUE...

El control coercitivo es catalogado como un tipo de violencia psicológica.

2.1. Sexo y género

Las diferencias entre los términos *sexo* y *género* han sido controvertidas. Estas palabras han sido utilizadas en muchos casos como forma de ataque verbal y descalificación, incluso como herramienta de manipulación política.

Para evitar estas situaciones, es indispensable conocer y diferenciar ambos conceptos, para poder entender la igualdad:

⇨ **Sexo.** Es la diferencia biológica (fisiología, diferencias físicas, etc.) entre mujeres y hombres. No es cambiante, de hecho no ha cambiado desde los inicios de la humanidad. No está relacionada con la cultura de la sociedad.

⇨ **Género.** Es el cúmulo de valores, emociones, comportamientos, capacidades, habilidades y roles que se han atribuido a una persona por el simple hecho de nacer con un sexo u otro. Según la cultura del país o del momento histórico, se asignan unas características de lo que "deben ser y hacer" los hombres y las mujeres. No son estáticos, varían dependiendo de las costumbres y la cultura, y del momento de la historia. Por ejemplo, los deportes que son exclusivamente masculinos, el rol de la mujer como ama de casa, etc. Si nos trasladamos a otras culturas diferentes a las occidentales las diferencias aumentan. Se transmite de generación en generación, a través de la familia, la escuela, las interacciones sociales en general, de manera que terminan por estar interiorizados y normalizados.

 EJEMPLO

Un caso muy claro de roles de género son los juguetes infantiles. Se presupone que los niños juegan con coches, superhéroes, dinosaurios, etc., y las niñas con muñecas, casitas, cocinas, etc. Aunque las personas estemos concienciadas de la que la igualdad debe imperar en la crianza de nuestros hijos e hijas, si no va a acompañado de un cambio estructural de la sociedad, el género seguirá siendo determinante en la definición de los géneros.

En el año 1949, Simone de Beauvoir dijo una gran frase: **"Una mujer no nace, sino que se hace",** en su libro famoso *El segundo sexo.* Esto hizo que en la sociedad surgieran muchos interrogantes, que se cuestionara que la naturaleza biológica era la que determinaba los aspectos considerados hasta el momento como femeninos, o era más bien parte de una estructura social apoyada en el androcentrismo y en los estereotipos de género.

El género está determinado por los estereotipos de género, marcados desde que nacemos: rosa = niña - azul = niño.

Estereotipos de género

La RAE define ***estereotipo*** como "imagen o idea aceptada comúnmente por un grupo o sociedad con carácter inmutable". Esto quiere decir que es muy difícil de variar, ya que está arraigada en nuestro imaginario, y tampoco solemos hacer esfuerzo para modificarlo. Los estereotipos ya se aprecian desde los estudios prehistóricos: hombre = caza, mujer = cueva y cuidado de niños. Si durante miles de años se ha potenciado la idea de que la mujer, empezando en la mitología católica, era mala (Adán y Eva, María Magdalena) y después se sigue alimentando este estereotipo de "las mujeres que llegan a un cargo de poder son insoportables" o "han llegado ahí no se sabe por qué", por mucho que se avance en leyes, en publicidad, en libros de texto, la idea sigue siendo la misma o peor, porque ahora "nos rebelamos más".

Los estudios científicos no pueden ser representativos de la sociedad, ya que han sido elaborados basándose en una estructura social patriarcal, en la cual el papel de la mujer es infravalorado en algunos casos y en otros generalizado, intentando mimetizar sus peculiaridades en dicotomías subyacentes.

Identidad de género

Las **identidades de género** son la manera en que una persona se percibe y se define a sí misma en relación con los conceptos de género. Esto puede incluir identificarse como hombre, mujer, ambos, ninguno, o en un punto diferente del espectro de género.

Para que conozcas los distintos tipos de identidad de género, te mostramos a continuación un diccionario sobre ellos. Ten en cuenta que la diversidad y la sexualidad humana es un asunto que evoluciona constantemente:

- **Cisgénero.** El género concuerda con el asignado al nacer.
- **Transgénero.** La identidad de género es diferente a la asignada al nacer. No tiene que ver con el sexo ni con la orientación sexual.
- **Intersexual.** Son personas con características sexuales de ambos sexos.
- ***Queer.*** Son personas que no se identifican con el concepto establecido de género y sexo.
- **Género fluido.** La identidad de género puede variar con el tiempo.
- **Sin género.** Son personas que no se identifican con ningún género.
- **Bigénero.** Son personas que se identifican con ambos géneros.
- **Intergénero.** Las personas se identifican con algún género que no es el masculino ni el femenino.

 **VÍDEO**

Puedes ver y analizar cómo las percepciones de género afectan a la confianza de las niñas durante la adolescencia y cómo los estereotipos de género impactan en la manera en que la sociedad ve a mujeres y hombres. Para ello accede desde aquí:

https://redirectoronline.com/ctri00020102

2.2. El marco legal vigente en materia de igualdad. Ley orgánica 3/2007 y Ley 17/2015

A continuación, veremos cómo la evolución de la lucha por la igualdad de género ha sido marcada por un proceso continuo de desarrollo y fortalecimiento del marco legal, que ha ido incorporando medidas progresivas para garantizar que los derechos de todas las personas, independientemente de su género, sean protegidos y promovidos de manera efectiva en todos los ámbitos de la sociedad.

La Ley Orgánica 3/2007, de 22 de marzo, para la igualdad efectiva de mujeres y hombres, es una legislación española diseñada para promover y asegurar la igualdad de trato y de oportunidades entre mujeres y hombres. Esta ley aborda la discriminación por razón de sexo en diversos ámbitos, y busca corregir desigualdades históricas mediante una serie de medidas y políticas específicas.

A continuación, veremos un resumen de sus puntos más relevantes.

Objetivos principales	Medidas y ámbitos de aplicación
- Garantizar la igualdad de trato y de oportunidades. - Promover la participación equilibrada.	- Empleo y trabajo - Educación y formación - Participación política y social - Salud y bienestar - Medios de comunicación

Instrumentos y órganos
- Planes de igualdad - Instituto de la Mujer - Informes de impacto de género

 **PARA SABER MÁS**

Puedes consultar la Ley Orgánica 3/2007, de 22 de marzo, para la igualdad efectiva de mujeres y hombres, accediendo desde aquí:

https://redirectoronline.com/ctri00020103

La Ley Orgánica 3/2007 es fundamental por los siguientes motivos:

Crea un marco legal robusto
- Establece un marco legal integral para combatir la discriminación de género y promover la igualdad.

Continúa en página siguiente >>

<< Viene de página anterior

Contribuye a la transformación social
- Impulsa cambios significativos en la sociedad, al abordar la desigualdad estructural y promover una cultura de igualdad.

Empodera a las mujeres
- Proporciona herramientas y recursos para que las mujeres puedan acceder a las mismas oportunidades que los hombres en todos los aspectos de la vida.

En resumen, la Ley Orgánica 3/2007 es una legislación crucial para promover la igualdad de género en España, al abordar la discriminación en diversos ámbitos y establecer medidas para asegurar la participación equilibrada de mujeres y hombres en todos los aspectos de la vida.

Ley 17/2015, de 21 de julio, de igualdad efectiva de mujeres y hombres

La Ley 17/2015, de 21 de julio, de igualdad efectiva de mujeres y hombres, es una ley autonómica que se aplica específicamente en Cataluña. Tiene como objetivo promover la igualdad de género. Aborda, entre otras cosas, la prevención y lucha contra el acoso sexual y por razón de sexo en el ámbito laboral en esta comunidad autónoma.

NOTA

Esta ley establece derechos específicos para las mujeres, como el derecho a no ser discriminadas y a recibir protección contra la violencia de género. También define deberes para las Administraciones públicas y las empresas, que deben adoptar medidas proactivas para garantizar la igualdad de género.

La ley se aplica en los siguientes ámbitos:

⮑ **Trabajo y empleo.** Promueve la igualdad de oportunidades a la hora de acceder a un empleo, en las condiciones laborales y a la hora de promocionar en un empleo.

- **Educación.** Garantiza que en las aulas y en los centros educativos se promueva la igualdad, eliminando y controlando los estereotipos sexistas que existían.
- **Salud.** Garantiza y asegura que se tengan en cuenta las diferencias de género, y que el trato sea de respeto y de igualdad hacia todas las personas logrando una equidad.
- **Participación social y política.** Alienta a que la participación equilibrada de las mujeres y los hombres en la vida pública y en la toma de decisiones.

Las **medidas principales** son:

- **Prevención y erradicación de la violencia de género.** Establece medidas para prevenir, atender y erradicar la violencia contra las mujeres, incluyendo la creación de servicios de apoyo y protección.
- **Planes de igualdad.** Obliga a las empresas y organizaciones a desarrollar planes de igualdad que promuevan la equidad de género en el entorno laboral.
- **Conciliación de la vida laboral y familiar.** Fomenta políticas que faciliten la conciliación entre la vida laboral y familiar para mujeres y hombres, promoviendo la corresponsabilidad en el cuidado de personas.
- **Educación y sensibilización.** Impulsa programas educativos y campañas de sensibilización para promover valores de igualdad y erradicar estereotipos de género desde edades tempranas.
- **Salud y bienestar.** Incorpora la perspectiva de género en las políticas de salud, garantizando la equidad en el acceso a los servicios sanitarios y la atención a las necesidades específicas de mujeres y hombres.

Los **organismos de implementación** son:

Instituto Catalán de las Mujeres
- Órgano encargado de promover y coordinar las políticas de igualdad de género en Cataluña.

Observatorio de Igualdad de Género
- Instrumento para analizar y evaluar la situación de la igualdad de género en diversos ámbitos, proponiendo mejoras y acciones correctivas.

Comisión Interdepartamental de Igualdad de Género
- Espacio de coordinación entre diferentes departamentos del gobierno catalán para asegurar la implementación efectiva de la ley.

NOTA

La Ley 17/2015 es fundamental para avanzar hacia una sociedad más igualitaria en Cataluña, donde mujeres y hombres tengan las mismas oportunidades y derechos en todos los ámbitos de la vida. Al abordar de manera integral la discriminación de género, esta ley contribuye significativamente a la promoción de la justicia social y el bienestar de toda la ciudadanía.

Es una legislación integral que aborda la igualdad de género desde múltiples ángulos. Establece medidas concretas para prevenir la discriminación, promover la equidad y proteger los derechos de las mujeres en diversos ámbitos de la sociedad.

3. Conceptualización de la violencia de género

HILO CONDUCTOR

En Innovatech Global, la lucha contra la violencia de género es un compromiso continuo, con el objetivo de crear un entorno laboral seguro, justo e inclusivo para todos sus empleados. Se toman medidas proactivas y efectivas para hacer frente a la violencia de género, tales como medidas preventivas, políticas claras y específicas, formación y sensibilización, mecanismos de denuncia y apoyo, evaluación y mejora continua, entre otros.

La **conceptualización de la violencia de género** es un proceso que implica entender y definir un fenómeno social complejo, que tiene profundas raíces históricas, culturales y estructurales. Se refiere a cualquier acto de violencia que se perpetra contra una persona debido a su género y que resulta, o puede resultar, en daño físico, sexual, psicológico o económico. Esta violencia puede ocurrir en diferentes ámbitos, como en el hogar, el trabajo, la comunidad, e incluso en línea.

Existen numerosos **tipos de violencia contra las mujeres,** que enumeraremos a lo largo de este contenido. Actualmente la violencia de género es denominada en muchos ámbitos cómo **violencia machista,** ya que esa connotación refleja mejor que las mujeres son las que sufren violencia de género y que, en casos aislados, se producen casos de violencia doméstica en los que las víctimas pueden ser tanto mujeres como hombres.

3.1. Elementos clave

Los elementos clave de la conceptualización de la violencia de género son:

- ➲ **Relación con el poder y el control.** La violencia de género está íntimamente relacionada con las dinámicas de poder y control, en las que un género (generalmente el masculino) busca dominar o subyugar a otro (generalmente el femenino). Este control se manifiesta en múltiples formas: física, psicológica, económica y simbólica.
- ➲ **Patriarcado y desigualdad estructural.** La violencia de género se enmarca en un sistema patriarcal donde las desigualdades de género están profundamente arraigadas en las instituciones, las normas sociales y las prácticas culturales. Este sistema perpetúa la dominación masculina y la subordinación femenina.
- ➲ **Multidimensionalidad.** La violencia de género no es un fenómeno homogéneo, sino que se manifiesta en múltiples formas: física, sexual, emocional, económica o simbólica. Además, puede presentarse en distintos espacios: en la familia, en el trabajo, en la comunidad y en el ámbito digital.
- ➲ **Interseccionalidad.** Es crucial reconocer que la violencia de género no afecta a todas las mujeres o personas de la misma manera. Factores como la raza, la clase social, la orientación sexual, la identidad de género, la etnia y la discapacidad pueden intensificar las experiencias de violencia y discriminación.
- ➲ **Consecuencias a nivel individual y social.** La violencia de género tiene profundas implicaciones tanto a nivel individual como social. A nivel personal, puede generar trauma, problemas de salud mental, aislamiento y, en los casos más extremos, la muerte. A nivel social, perpetúa las desigualdades de género y limita las oportunidades de desarrollo de las personas afectadas.
- ➲ **Normatividad y derechos humanos.** La violencia de género se reconoce como una violación de los derechos humanos. La legislación internacional, como la Convención sobre la Eliminación de Todas las Formas de Discriminación contra la Mujer (CEDAW), y otras normativas nacionales, buscan proteger a las personas contra esta forma de violencia y asegurar que los perpetradores rindan cuentas.

⊃ **Responsabilidad social y cambio cultural.** Abordar la violencia de género requiere de un cambio cultural profundo, que se cuestionen y transformen las normas sociales y culturales que la perpetúan. Esto incluye la educación en igualdad de género, la promoción de relaciones saludables y el empoderamiento de las víctimas.

3.2. El marco legal de la violencia de género. Ley orgánica 1/2004 y Ley 17/2020

La Ley 1/2004, conocida como la Ley de Medidas de Protección Integral contra la Violencia de Género, es una legislación española que se centra en combatir la violencia de género. Aprobada en 2004, tiene como objetivo principal proteger a las mujeres que sufren violencia por parte de sus parejas o exparejas.

 **PARA SABER MÁS**

Puedes consultar la Ley 1/2004, conocida como la Ley de Medidas de Protección Integral contra la Violencia de Género, accediendo desde aquí:

https://redirectoronline.com/ctri00020105

Hasta este momento no existía ninguna ley específica sobre violencia de género, por esto se constituyó, pero tiene sus lagunas, como el **paternalismo punitivo,** que conlleva entre otros factores la victimización secundaria y la anulación de las mujeres como personas "capaces", lo cual desemboca en la pérdida de identidad y de libertad.

 **DEFINICIÓN**

Paternalismo punitivo

Actitud o enfoque en el que alguien en una posición de poder o autoridad impone castigos o sanciones bajo la justificación de "proteger" o "guiar" a otra persona, generalmente porque considera que esta persona no es capaz de tomar decisiones adecuadas por sí misma. Este tipo de paternalismo mezcla control y castigo, con la intención de corregir o limitar el comportamiento de alguien, pero lo hace de manera que puede ser condescendiente o autoritaria.

Además, esta ley establece una serie de medidas para **prevenir, sancionar y erradicar** la violencia de género. Algunas de sus características clave incluyen:

- **Definición de violencia de género.** La ley la define como cualquier acto de violencia que se ejerce contra las mujeres por el hecho de ser mujeres, dentro del ámbito de una relación de pareja.
- **Medidas de protección y apoyo.** Introduce mecanismos para proteger a las víctimas, como órdenes de alejamiento, y servicios de atención y apoyo psicológico, jurídico y social.
- **Prevención y educación.** La ley también incluye medidas para la prevención, a través de programas educativos y campañas de sensibilización para erradicar la violencia de género desde la raíz.
- **Reforzamiento de la justicia.** Se fortalecen los procedimientos judiciales para asegurar una respuesta rápida y eficaz en casos de violencia de género, con la creación de juzgados especializados y la formación específica para jueces y personal judicial.
- **Coordinación institucional.** Establece la necesidad de coordinar esfuerzos entre diferentes instituciones, como la Policía, los servicios sociales y el sistema judicial, para garantizar una respuesta integral y efectiva.

 **NOTA**

La Ley Orgánica 1/2004 busca ofrecer una protección integral a las mujeres víctimas de violencia de género, promoviendo medidas preventivas y estableciendo un sistema de apoyo y sanción para enfrentar y erradicar esta problemática.

La **Ley 17/2020, de 22 de diciembre, de modificación de la Ley 5/2008, del derecho de las mujeres a erradicar la violencia machista,** busca reforzar y actualizar las medidas destinadas a prevenir y combatir la violencia de género en todas sus formas, asegurando una protección más efectiva para las mujeres que sufren este tipo de violencia.

 IMPORTANTE

El objetivo central de esta modificación es garantizar que las mujeres tengan derecho a una vida libre de violencia, en línea con los principios de igualdad y no discriminación, y asegurar que el marco legal sea lo suficientemente robusto como para adaptarse a las realidades actuales y emergentes de la violencia de género.

Los principales aspectos que ocasionaron la modificación de la ley anterior son los siguientes:

- ⮩ **Ampliación del concepto *violencia machista*.** La modificación amplía la definición de violencia machista para incluir no solo la violencia física o psicológica en el ámbito de la pareja, sino también otras formas de violencia que pueden ocurrir en diferentes contextos, como el laboral, el social o el digital.
- ⮩ **Protección integral.** Se refuerza la protección integral de las víctimas, asegurando que las mujeres tengan acceso a todos los recursos y apoyos necesarios, desde atención médica y psicológica hasta asesoramiento legal y medidas de seguridad.
- ⮩ **Prevención y sensibilización.** La ley pone mayor énfasis en la prevención y la sensibilización de la sociedad sobre la violencia machista, promoviendo programas educativos y campañas de concienciación que aborden las causas estructurales de la desigualdad de género.
- ⮩ **Coordinación institucional.** Se establece una mejor coordinación entre las diferentes instituciones y organismos implicados en la protección de las mujeres, para asegurar que las medidas de protección y apoyo sean eficaces y coherentes.
- ⮩ **Medidas específicas para colectivos vulnerables.** La modificación también incluye medidas específicas para colectivos especialmente vulnerables, como las mujeres inmigrantes, las mujeres mayores o aquellas con discapacidad, asegurando que se aborden sus necesidades particulares en la lucha contra la violencia machista.

 **VÍDEO**

El contrato sexual de Pateman es la primera reivindicación directa al orden establecido, ese orden que marcó la supremacía de los hombres frente a las mujeres, la base escrita y firmada con un contrato de las desigualdades de género consentidas y explícitas, todo ello respaldado por la monarquía y los poderes fácticos, y estructurando la justicia, la economía, la ciencia, etc.

Puedes ampliar la información con un vídeo al que puedes acceder desde aquí:

https://redirectoronline.com/ctri00020106

 ACTIVIDAD COMPLEMENTARIA

1. Reflexiona sobre lo siguiente:

   ¿Existen más casos de violencia de género en la actualidad?

   Investiga sobre la violencia de género en la actualidad. Puedes consultar fuentes como informes de organismos internacionales, estudios académicos, noticias recientes, estadísticas gubernamentales y artículos de opinión.

   A continuación, enfócate en encontrar respuestas a las siguientes preguntas:

   · ¿Cuáles son las estadísticas actuales de violencia de género en nuestro país?
   · ¿Existen evidencias del aumento o disminución en los casos de violencia de género en los últimos años?
   · ¿Qué factores pueden estar influyendo en los cambios observados en las estadísticas?

Real Decreto 1026/2024. Medidas para la igualdad y no discriminación de las personas LGTBI en las empresas

El Real Decreto 1026/2024, publicado el 8 de octubre de 2024, establece un marco legal para implementar medidas en las empresas españolas que garanticen la igualdad y no discriminación de las personas LGTBI. Esta normativa deriva de la Ley 4/2023, y su objetivo es asegurar la igualdad real en el ámbito laboral, tanto para empleados como para otros actores, como proveedores o clientes.

Algunas de las principales **obligaciones** para las empresas son:

- **Protocolo contra el acoso y la violencia.** Todas las empresas con más de 50 empleados deben desarrollar medidas contra el acoso y garantizar que los procesos de denuncia sean confidenciales, imparciales y rápidos.
- **Formación y sensibilización.** Se requiere que las empresas incluyan módulos de formación específicos sobre los derechos LGTBI para toda la plantilla, promoviendo la igualdad de trato.
- **Acceso al empleo y promoción.** Las empresas deben asegurar procesos justos de selección y promoción, garantizando la no discriminación por orientación sexual, identidad o expresión de género.
- **Permisos y beneficios sociales.** Se adaptan a la diversidad de las familias LGTBI, garantizando el acceso a permisos y beneficios en igualdad de condiciones.

La norma otorga a las empresas un plazo de tres meses para negociar estas medidas con la representación legal de los trabajadores. Si no existe acuerdo, se aplicarán las medidas mínimas establecidas en el decreto.

El protocolo que exige el Real Decreto 1026/2024 para combatir el acoso y la violencia hacia personas LGTBI en el trabajo debe ser un conjunto de medidas claras que las empresas implementen para prevenir y actuar en caso de que se presenten estas situaciones.

Aquí lo explicamos de manera más sencilla:

- **Confidencialidad.** Es fundamental que todas las personas involucradas en la investigación mantengan la discreción sobre el caso. Esto es clave para proteger la privacidad tanto de la persona que denuncia como de la persona acusada.
- **Protección a la víctima.** Desde que se denuncia un caso de acoso, la empresa debe garantizar que la persona afectada esté segura, tanto física como emocionalmente. Esto puede implicar, por ejemplo, separar

temporalmente a la víctima de la persona acusada mientras se resuelve el caso.

- ⮞ **Rapidez.** Las denuncias deben ser investigadas lo más rápido posible, sin demoras innecesarias. Cuanto antes se resuelva el asunto, mejor para todas las partes.
- ⮞ **Tratamiento justo.** Tanto la persona que denuncia como la persona acusada tienen derecho a un proceso imparcial. Se debe garantizar que ambos sean escuchados de manera equitativa.
- ⮞ **No a las represalias.** Ninguna persona que presente una denuncia o ayude en la investigación debe sufrir represalias, como el despido o cambios negativos en sus condiciones laborales.
- ⮞ **Medidas temporales.** Mientras se investiga el caso, la empresa puede tomar medidas preventivas, como separar a las partes involucradas para evitar más confrontaciones.
- ⮞ **Restitución de derechos.** Si el acoso ha perjudicado laboralmente a la víctima (por ejemplo, con cambios en sus condiciones de trabajo), la empresa tiene que devolverle esos derechos una vez se haya resuelto la situación.

3.3. La violencia de género. Definición y tipos

La **violencia de género,** de acuerdo con la Ley 13/2007 de 26 de noviembre, de Medidas de Prevención y Protección Integral contra la Violencia de Género, es definida como:

Toda conducta que atenta contra la dignidad e integridad física y moral de las mujeres por el hecho de serlo, como manifestación de la discriminación, la situación de desigualdad y las relaciones de poder de los hombres sobre las mujeres.

La violencia comprende cualquier acto de violencia basada en género que tenga como consecuencia, o que tenga posibilidades de tener como consecuencia, perjuicio o sufrimiento en la salud física, sexual o psicológica de la mujer, incluyendo amenazas de dichos actos, coerción o privaciones arbitrarias de su libertad, tanto si se producen en la vida pública como privada.

La violencia contra las mujeres es la manifestación más extrema de las desigualdades existentes entre las mujeres y los hombres. Es el resultado del sometimiento social, familiar y público de las mujeres, ya que atenta contra su libertad en todos los sentidos que implica ser dueña de una misma. Esta vulneración de derechos no puede estar apoyada simplemente por la legislación, sino que necesita que los agentes sociales se impliquen de manera eficiente en estos procesos de erradicación de las violencias contra las mujeres.

SABÍAS QUE...

Durante el primer cuatrimestre de 2025, once mujeres fueron víctimas mortales por violencia de género, de las cuales solo dos habían tomado medidas legales por esta circunstancia. Esto refleja el largo camino que queda por recorrer en términos de sensibilización.

Las formas de manifestación de la violencia contra las mujeres son múltiples. Siguiendo la Ley 13/2007 nos centraremos en cuatro tipos generales, teniendo en cuenta que a su vez estos engloban otras manifestaciones:

1. **Violencia física.** Implica cualquier acto de fuerza contra la mujer que conlleve daño físico o intento de producirlo, a manos de su pareja, cónyuge o persona con la que existiera una relación de afectividad, aunque no existiera convivencia. También están incluidos los actos de violencia hacia el entorno de la mujer, sea social, familiar o laboral, como por ejemplo empujones, tirones de pelo, penetración de objetos, acoso, violación tocamientos, mutilación femenina, quemaduras bofetones, etc.

2. **Violencia psicológica.** Incluye cualquier conducta, verbal o no verbal, que tiene como fin degradar y humillar a la mujer para conseguir anularla y destrozarla emocionalmente por medio de amenazas, humillaciones, desprecios, vejaciones, insultos, inculcando culpabilidad, miedo, coerción, etc., existiera convivencia.

3. **Violencia económica.** Como hemos visto, es la privación intencionada y no justificada que impida el bienestar físico y emocional de la mujer y de sus descendientes: no pasar la pensión alimenticia, bloquear las cuentas comunes, intentar que la mujer no trabaje fuera de casa para poseer control económico, no aportar dinero suficiente voluntariamente para el reparto familiar y los recursos fundamentales de los hogares, etc.

4. **Violencia sexual y abusos sexuales.** Es aquella que se ejerce por medio de cualquier acto de carácter sexual no consentido por la mujer, usando la imposición por medio de la violencia o de la intimidación de relaciones sexuales: acoso sexual, violación, tocamientos, penetración de objetos, etc.

TAREA 1

Identifica en estos dos casos ante qué tipo de violencia o violencias contra las mujeres nos encontramos.

Caso 1. Loli trabaja en un ayuntamiento como orientadora laboral. Hoy Antonio, su jefe y expareja, le ha dicho que no se puede marchar hasta que termine un trabajo específico. Le dice que desde que fue madre (con otro hombre) no está centrada y parece que durante el parto perdió parte del cerebro. Le dice frases como estas: "Tendrías que fijarte más en tus compañeros, que terminan el trabajo a tiempo y no tienen pajaritos en la cabeza". Cuando Loli se está marchando del despacho, Antonio le da un cachete en las nalgas y le guiña un ojo diciendo: "Bueno, menos mal que tienes buen culo, que si no...", y se ríe muy alto.

Caso 2. Cuando José y Fina se divorciaron a Fina le costó mucho organizar su vida. Había llevado una vida en casa, ya que José siempre le decía que con su sueldo llegaba y que en casa había tareas que hacer. Mañana Fina tiene una entrevista de trabajo por la tarde y está muy ilusionada. Le ha pedido a José que se quede con la hija en común que tienen; no le corresponde, pero le ha explicado el motivo. Al principio José acepta, pero media hora antes de la entrevista de Fina la llama y le dice que no le viene bien.

- -

3.4. Machismos y micromachismos

Pudiera parecer que el machismo no está relacionado con la violencia de género, pero es la base de cualquier tipo de violencia contra las mujeres, ya que es un hecho estructural que tiene su origen en cómo se fueron estableciendo los ámbitos de poder y de estructura social. El patriarcado, definido como una forma de organización social y política que beneficia a los hombres frente a las mujeres en todos los órdenes de la vida, tiene su base en esta estructura, que considera que la violencia contra las mujeres no es por ser mujeres, sino por no serlo lo suficiente; es decir, si las mujeres no cumplen con este orden establecido y no cumplen con los roles y estereotipos establecidos para ellas, se ejerce sobre ellas violencia "por portarse mal."

 **DEFINICIÓN**

Machismo

Es toda actitud o discriminación sexista que incluye la supremacía del hombre frente a la mujer. Está basado en creencias, estructura social o cultura, y conlleva un intento de anulación hacia las mujeres para tener el poder y el control de estas.

El machismo, que existe desde el principio de la construcción de la sociedad tal y como la entendemos ahora, ha ido evolucionando con el tiempo. Existen personas o grupos de personas que manifiestan que el machismo ya no existe, que hoy en día la igualdad está lograda, pero el machismo es adaptativo, y como además es el orden establecido, no tiene que demostrar nada. Hoy en día, las mujeres han alcanzado derechos fundamentales, como el derecho al voto y la posibilidad de trabajar en diversas profesiones. Sin embargo, persisten debates sobre la satisfacción en relación con la igualdad de género.

 IMPORTANTE

Una cuestión de actualidad es el **machismo digital,** que se refiere a las actitudes y comportamientos en línea que buscan contrarrestar o desafiar los avances del feminismo. Estas acciones pueden ser vistas como intentos de mantener el *statu quo* y dificultar la consecución de una plena igualdad de género.

El machismo ha encontrado su vía de expansión que, por medio del **contramovimiento,** consigue no solo atacar primero, sino que actúa como si se tuviera que defender porque las víctimas son ellos. Esta mentalidad, que tiene como añadido el morbo del anonimato, permite que opiniones como las expresadas en foros de internet sean vertidas sin control desarrollando el *machismo exhibicionista.*

El machismo, en su forma actual, se manifiesta de manera explícita a través de insultos y ataques, que pueden ser intelectuales, físicos o emocionales. Esta reacción puede ser interpretada como una respuesta a los cambios en las dinámicas de poder, en la que algunos perciben que han perdido privilegios. La aspiración es que hombres y mujeres puedan avanzar juntos hacia la igualdad, y se plantea que, si algunos hombres reconsideran su concepto de masculinidad, podrían experimentar un sentimiento de aislamiento en ese proceso.

Los **micromachismos** son formas de machismo más sutiles, pero que pueden ser identificadas con un buen conocimiento sobre igualdad, y reflexionando sobre nuestras propias acciones. A veces, incluso las mujeres pueden cometer estos actos sin darse cuenta. El término *micromachismo* fue acuñado por Luis Bonino en 1990. Se refiere a estas conductas pequeñas y cotidianas que perpetúan la desigualdad de género. Lo define así:

> *Aquellas conductas masculinas que superponen la autoridad de los hombres por encima de las mujeres.*

Algunas manifestaciones de micromachismo son:

1. **Sexismo en el lenguaje.** El uso lenguaje no inclusivo y androcentrista es un tipo de micromachismo, ya que todos y todas lo usamos porque está arraigado en nuestro lenguaje.
2. **Roles de género.** El hecho de usar juguetes considerados de niños o de niñas, o el uso del color azul para los niños y el rosa para las niñas, son ejemplos de micromachismo.
3. **Hipersexualización.** Este tipo de micromachismo la sexualidad de las mujeres (incluso de las niñas) por medio de canciones, de menos de comunicación, de publicidad.
   Un ejemplo sería la campaña de una conocida cadena de supermercados, que incluyeron relleno en la parte de arriba de un bikini para niñas de entre 10-14 años.
4. **Uso del espacio público.** La forma en la que los hombres hacen uso del espacio común es muy significativa de sus manifestaciones de poder, cómo se sientan en los buses o metros, cómo miran cuando en una cafetería son todos hombres y entra una mujer, etc.

4. Definición del acoso sexual y del acoso por razón de sexo

HILO CONDUCTOR

Innovatech Global regula el acoso sexual y por razón de sexo con un enfoque integral que combina prevención, actuación rápida y eficaz, y un fuerte apoyo a las víctimas. La empresa se compromete a mantener un entorno laboral seguro y respetuoso en el que cualquier forma de acoso es inaceptable y está sujeta a sanciones severas.

Con el objeto de acercarnos a un conocimiento profundo de este concepto y poder así comprender los marcos significativos que lo delimitan y lo constituyen, se hace imprescindible un recorrido por el origen de este tipo de acoso.

DEFINICIÓN

El acoso sexual
Es cualquier comportamiento de carácter sexual que resulta no deseado y que crea un ambiente incómodo, hostil o intimidante para la persona que lo recibe. Este comportamiento puede ocurrir en diferentes contextos, como el lugar de trabajo, las instituciones educativas o la vida cotidiana.

El **acoso por razón de sexo,** así como veíamos con el acoso sexual, tiene su origen en las desigualdades e injusticias sexistas cimentadas en una estructura patriarcal que ha tenido una hegemonía masculina desde el origen de las sociedades. Un indicador de que las diferencias, aunque más sutiles, siguen siendo enormes y una muestra de esta realidad alarmante, en la que las mujeres y los hombres pertenecemos a mundos distintos y tenemos un futuro dirigido desde nuestro nacimiento. Sobre todo, un futuro limitado y a merced de las expectativas sociales. Esto se va desarrollando desde la infancia. Cuando somos muy pequeños consideramos que el mundo es libre y que tenemos a nuestro alcance las oportunidades equiparadas, pero por desgracia es solo un espejismo, porque las fuerzas de la naturaleza (en este caso los estereotipos y la sociedad patriarcal) nos van delimitando el camino que seguir.

Es por esto por lo que esta cultura patriarcal se ve reflejada en todos los ámbitos. En este caso se prolonga al ámbito laboral, en el que se generan relaciones de poder y desigualdad.

 **DEFINICIÓN**

Acoso por razón de sexo

Según la Ley Orgánica 3/2007, de 22 de marzo, para la igualdad efectiva de mujeres y hombres:

Cualquier comportamiento realizado en función del sexo de una persona, con el propósito o el efecto de atentar contra su dignidad y de crear un entorno intimidatorio, degradante u ofensivo (art. 7.2)

- -

4.1. Características y ejemplos

Para entender bien el alcance del acoso sexual y por razón de sexo debemos de acudir a las cifras. Para ello podemos apoyarnos en la Macroencuesta de Violencia Contra la Mujer 2019, realizada por la Delegación del Gobierno contra la Violencia de Género del mes de septiembre de 2020. Esta encuesta forma parte del estudio más importante realizado hasta el momento en tema de ·+ Violencia de Género, ya que por primera vez en esta edición se incluye un apartado en el que se detalla específicamente la prevalencia del acoso sexual contra las mujeres a lo largo de toda su vida.

Los resultados de este estudio son los siguientes:

⮑ **De todas las mujeres residentes en España de 16 años o más:**

- ↻ El 40,4 % ha sufrido acoso sexual en algún momento.
- ↻ El 18,1 % lo ha sufrido en los últimos 4 años.
- ↻ El 10,2 % lo ha sufrido en los últimos 12 meses.

Si analizamos estas cifras elevándolas a la población, se calcula que:

- 8.240.537 mujeres residentes en España de 16 o más años lo han sufrido en algún momento de sus vidas.
- 3.703.252 lo han sufrido en los últimos 4 años.
- 2.071.764 lo han sufrido en los últimos 12 meses.

⊃ **En cuanto al ámbito laboral:**

- 17,3 % del total de mujeres que han sufrido acoso sexual indicaron que un 6,5 % había sido un jefe hombre, 12,5 % otro hombre del trabajo y 0,3 % una jefa y 0,9 % otra mujer del trabajo.

*El acoso sexual laboral en España era silenciado
y naturalizado hasta hace pocos años.*

El acoso sexual se puede manifestar de diferentes maneras (tipologías). Para cada una de estas formas existen diferentes señales que nos ayudan a identificarlo.

A continuación, veremos los diferentes indicadores del acoso sexual según **su tipología:**

⊃ **Conductas verbales:**

- Bromas sexuales o sobre el físico de la mujer trabajadora.
- Preguntas de índole sexual sobre preferencias, posturas, frecuencia, etc.
- Términos denigrantes para referirse a las personas.

- Comentarios obscenos sexuales.
- Difusión de rumores sexuales sobre la mujer trabajadora o sobre otra mujer.
- Presiones o invitaciones de tipo sexual fuera de contexto y de lugar.
- Comentarios ofensivos o denigrantes acerca de la orientación sexual de los demás.
- Comunicaciones por medio de correo o llamadas de carácter sexual u ofensivo.

⊃ **Conductas no verbales:**

- Gestos subidos de tono, ofensivos y de carácter sexual.
- Uso de imágenes, dibujos o fotografías de carácter sexual.
- Enviar mensajes o correos de carácter sexual explícito o sugestivo.

⊃ **Conductas de carácter físico:**

- Tocamientos, pellizcos, caricias, masajes sin consentimiento y deliberados.
- Tocar adrede los órganos sexuales con cualquier excusa.
- Buscar quedarse a solas con esa mujer y arrinconarla para ejercer abuso de poder.

⊃ **Acoso por razón de sexo:**

- Uso de conductas discriminatorias por ser mujer.
- Comentarios jocosos sobre labores que son consideradas de mujeres.
- Humor sexista.
- Ridiculizar y denostar la inteligencia y capacidades de las mujeres.
- Valorar el trabajo de los trabajadores en función de su sexo.
- Asignar tareas a las mujeres por debajo de su potencial como forma de discriminación.
- Realizar todo lo anterior con personas homosexuales o transgénero.

También existen diferentes indicadores de acoso por razón de sexo (uso de conductas discriminatorias por ser mujer). Estos son algunos de ellos:

Hacer comentarios jocosos sobre labores que son consideradas de mujeres.

Utilizar el humor sexista.

Continúa en página siguiente >>

<< Viene de página anterior

> Ridiculizar y denostar la inteligencia y capacidades de las mujeres.

> Valorar el trabajo de los trabajadores en función de su sexo.

> Asignar tareas a las mujeres por debajo de su potencial como forma de discriminación.

> Realizar todo lo anterior con personas homosexuales o transgénero.

 ACTIVIDAD COMPLEMENTARIA

2. Piensa en estos tipos de comportamiento en el ámbito laboral y si son fáciles de identificar. ¿Consideras que siguen existiendo de forma más sutil, o por el contrario crees que se han erradicado?

4.2. Afectación en el área del empleo

El acoso sexual y por razón de sexo tiene numerosas afectaciones tanto para las personas trabajadoras como para la empresa.

Las principales consecuencias para las víctimas son las siguientes.

Efectos psicológicos y emocionales	- Estrés y ansiedad - Depresión - Baja autoestima y autoconfianza - Trastorno de estrés postraumático
Efectos físicos	- Problemas de salud - Fatiga y problemas de sueño
Efectos profesionales	- Deterioro del rendimiento - Absentismo laboral - Limitaciones en la carrera

Es fundamental entender que la violencia de género no solo afecta a las víctimas de manera directa, sino que también tiene repercusiones significativas en el entorno laboral y en el funcionamiento general de la empresa. Estas consecuencias pueden manifestarse de diversas formas, impactan tanto la dinámica interna del equipo como la productividad y reputación de la organización. A continuación, se describen las principales consecuencias que la violencia de género puede generar en el entorno laboral y en la empresa:

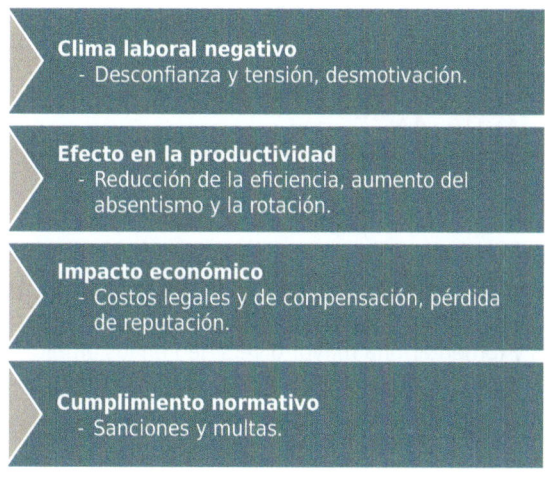

Clima laboral negativo
- Desconfianza y tensión, desmotivación.

Efecto en la productividad
- Reducción de la eficiencia, aumento del absentismo y la rotación.

Impacto económico
- Costos legales y de compensación, pérdida de reputación.

Cumplimiento normativo
- Sanciones y multas.

APLICACIÓN PRÁCTICA

Rosa denuncia acoso sexual por parte de un superior, lo que genera tensiones en el equipo. ¿Cuáles consideras que son las principales consecuencias que pueden surgir para Rosa y para la organización?

Solución

Las situaciones de acoso sexual y por razón de sexo siempre generan un clima laboral negativo y perjudican a todo el equipo.

4.3. Afectación en el área del empleo

Consideramos importante también hablar de la **Ley Orgánica 2/2024, de 1 de agosto,** conocida como Ley de Representación Paritaria y Presencia Equilibrada de Mujeres y Hombres. Es una normativa que tiene como objetivo garantizar la igualdad de género en la representación política y en otros ámbitos de decisión. Esta ley busca asegurar que tanto hombres como mujeres estén equitativamente representados en cargos de responsabilidad y en la toma de decisiones, promoviendo así una mayor equidad de género en todas las esferas de la vida pública y privada.

IMPORTANTE

El objetivo de esta ley es promover una sociedad más justa e igualitaria, donde tanto mujeres como hombres tengan las mismas oportunidades de participar en la toma de decisiones y en los procesos de liderazgo. Al establecer normas claras para la representación paritaria, la ley busca corregir las desigualdades históricas y fomentar una mayor diversidad en los ámbitos de poder, contribuyendo así a una democracia más inclusiva y representativa.

Seguidamente te mostramos cuáles son las principales disposiciones de la ley:

- **Representación paritaria en órganos de gobierno.** Esto significa que hombres y mujeres deben estar representados en igual proporción, con un equilibrio que garantice que ningún sexo supere el 60 % ni sea inferior al 40 %. La paridad debe aplicarse en todos los niveles de toma de decisiones, incluyendo ministerios, consejos de administración de empresas públicas y otros órganos colegiados.
- **Candidaturas electorales.** Esto implica que las listas de candidatos deben estar compuestas de manera que aseguren una presencia equilibrada de hombres y mujeres, siguiendo el mismo criterio del 40-60 %. El objetivo es asegurar que las mujeres estén representadas de manera equitativa en las instituciones políticas y cargos electos.
- **Presencia equilibrada en el sector privado.** La ley también extiende su alcance al sector privado, promoviendo la presencia equilibrada de mujeres y hombres en los órganos de dirección y administración de las empresas, especialmente en grandes empresas y en aquellas que cotizan en bolsa. Las empresas deben tomar medidas para garantizar que

sus consejos de administración y equipos directivos cumplen con los requisitos de paridad de género, promoviendo el acceso de mujeres a puestos de alta responsabilidad.

- **Mecanismos de seguimiento y evaluación.** Estos mecanismos incluyen la creación de informes periódicos, las auditorías de igualdad y la participación de organismos específicos encargados de la supervisión del cumplimiento de la normativa. Además, se pueden implementar indicadores y métricas para medir el progreso en la representación equilibrada de género.

- **Medidas correctivas.** Cuando se detecten incumplimientos de la ley, se prevén medidas correctivas para garantizar que se alcance la paridad de género. Estas pueden incluir sanciones para las organizaciones que no cumplan con los requisitos de representación equilibrada, así como la obligación de adoptar planes de acción específicos para corregir las desigualdades detectadas. En el ámbito electoral, la invalidez de listas que no cumplan con los criterios de paridad es una de las sanciones previstas.

 PARA SABER MÁS

Puedes consultar en profundidad la Ley de Representación Paritaria y Presencia Equilibrada de Mujeres y Hombres accediendo desde aquí:

https://redirectoronline.com/ctri00020108

5. Resumen

La problemática de las desigualdades de género y por razón de sexo se manifiesta en diversos ámbitos de la sociedad, especialmente en el entorno laboral. Al comparar las oportunidades entre hombres y mujeres, se puede afirmar que, a pesar de los avances, persisten barreras que dificultan la igualdad real, lo que subraya la importancia de continuar promoviendo políticas efectivas de equidad.

Es primordial distinguir los conceptos de sexo y género, entendiendo que el sexo se refiere a características biológicas, mientras que el género es una construcción social que influye en las expectativas y roles asignados a cada persona. En este contexto, el marco legal vigente, representado por la Ley Orgánica 3/2007 y la Ley 17/2015, establece las bases para garantizar la igualdad de trato y oportunidades, aunque queda camino por recorrer para su plena implementación.

La conceptualización de la violencia de género, apoyada por el marco legal proporcionado por la Ley 1/2004 y la Ley 17/2020, ha permitido definir y categorizar este tipo de violencia, destacando sus diversas manifestaciones, desde el acoso sexual hasta los micromachismos. Estas formas de violencia, que van desde actitudes sutiles hasta conductas explícitas, reflejan el arraigo de un sistema patriarcal que perpetúa la discriminación y la desigualdad.

Algunas de sus características de la Ley 1/2004 conocida como la Ley de Medidas de Protección Integral contra la Violencia de Género, son:

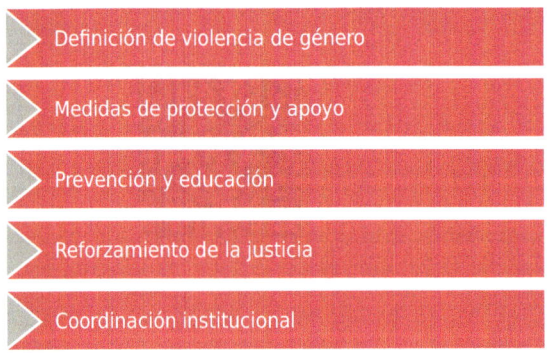

Definición de violencia de género

Medidas de protección y apoyo

Prevención y educación

Reforzamiento de la justicia

Coordinación institucional

Es primordial conocer y entender la definición de acoso sexual y por razón de sexo, analizar sus características y saber cómo estos comportamientos afectan negativamente tanto a las personas como al entorno laboral. La lucha contra estos fenómenos requiere no solo de un marco legal sólido, sino también de un cambio cultural profundo que promueva el respeto y la igualdad en todos los aspectos de la vida.

Existen diferentes indicadores del acoso sexual según su tipología. Son los siguientes:

Conductas verbales	Conductas no verbales	Conductas de carácter físico

Ejercicios de autoevaluación
Unidad de Aprendizaje 1

1. El Observatorio de Igualdad de Oportunidades tiene como finalidad...

    a. ... analizar y mostrarnos los resultados de la situación de las mujeres inmigrantes en cuanto a la violencia de género.

    b. ... estudiar la situación de las mujeres y los hombres en el ámbito laboral y cómo afecta a la educación de nuestros hijos e hijas

    c. ... clasificar los tipos de violencia que sufren las mujeres y sus consecuencias a corto y largo plazo.

    d. ... el análisis de la situación de la mujer en diversos sectores, como en el empleo, la educación, la toma de decisiones, etc., y evaluar las políticas de igualdad y su impacto en la sociedad.

2. Indica cuál de los siguientes conceptos no es un tipo de desigualdad de género.

    a. Paro femenino

    b. Explotación laboral

    c. Discriminación por edad

    d. Gestación subrogada

3. Indica qué característica no se atribuye al término *sexo*.

    a. Cisgénero

    b. Hombre

    c. Mujer

    d. Diferencias físicas

4. Señala cuál de los siguientes no es un tipo de género.

    a. Género fluido

    b. Categoría racial

    c. *Queer*

    d. Bigénero

5. **Indica cuál de las siguientes leyes españolas no tiene relación con la igualdad.**

   a. Ley 3/2007
   b. Ley 17/2015
   c. Ley 1/2004
   d. Ley 10/1995

6. **Determina si la siguiente oración es verdadera o falsa: "La violencia de género solo ocurre en familias de bajos recursos y con poca educación".**

   ■ Falso
   ■ Verdadero

7. **Escoge la respuesta que no se corresponde con tipos de violencia contra las mujeres.**

   a. Violencia económica
   b. Violencia sexual
   c. Violencia laboral *(mobbing)*
   d. Violencia física

8. **Señala la opción correcta:**

   a. Los micromachismos son bulos y estereotipos que no están demostrados.
   b. Los micromachismos se manifiestan con uso sexista del lenguaje, los roles de género, la hipersexualización y el uso del espacio público.
   c. El machismo ya no existe, está erradicado.
   d. El machismo se inventó como respuesta al feminismo.

9. **Determina si la siguiente oración es verdadera o falsa: "El acoso sexual solo ocurre cuando hay contacto físico".**

   ■ Falso
   ■ Verdadero

10. **Señala la opción incorrecta de las consecuencias del acoso sexual laboral para la víctima.**

       a. Efectos físicos
       b. Efectos profesionales
       c. Efectos psicológicos
       d. Aumento en la productividad de la empleada

Herramientas para abordar situaciones de acoso

Contenido

Objetivos

El objetivo general de esta Unidad de Aprendizaje es:

→ Elaborar herramientas para abordar el acoso sexual y por razón de sexo en el empleo y aplicarlas.

Los objetivos específicos de esta Unidad de Aprendizaje son:

→ Establecer protocolos claros para el manejo de situaciones de acoso.

→ Fomentar la conciencia y sensibilización sobre el acoso.

→ Desarrollar herramientas para la prevención y detección del acoso.

→ Determinar si la empresa cumple con los criterios legales establecidos para la obligatoriedad de la elaboración de un plan de igualdad.

1. Introducción

Una vez definidos los conceptos clave para poder entender a qué nos enfrentamos cuando hablamos de acoso en todas sus vertientes, y haber profundizado en las consecuencias que esto conlleva, profundizaremos en la sensibilización, prevención y, en su caso, qué protocolos de actuación hay que poner en marcha frente al acoso sexual y por razón de sexo.

Estos protocolos han de ser negociados dentro de las empresas antes de que sucedan las situaciones de acoso, lo cual favorece a ambas partes: por un lado, el personal en plantilla se siente respaldado, escuchado y protegido; por otro la empresa, está también respaldada a nivel legal e institucional. Establecer un protocolo de actuación marca una diferencia positiva con respecto a la forma de actuar en el pasado ante esta problemática. En la mayoría de los casos, el miedo a la reprimenda, reflejada en despidos, desventajas salariales o presión psicológica, tenían como resultado el silencio y el sufrimiento solapado.

Veremos en esta unidad cómo se describe y cómo podemos identificar el acoso sexual y por razón de sexo, a través del ejemplo de la empresa Innovatech Global, y cuáles son las medidas concretas para prevenirlo y erradicarlo. Para ello, analizaremos los procesos de elaboración y negociación del protocolo de actuación y buenas prácticas como referentes.

2. Descripción del acoso sexual y por razón de sexo

 HILO CONDUCTOR

Innovatech Global cuenta con políticas explícitas que prohíben el acoso sexual y por razón de sexo, con definiciones claras de lo que constituye tal comportamiento. Estas políticas están incluidas en el manual del empleado y han de estar disponibles en la intranet de la empresa.

El acoso sexual y por razón de sexo puede manifestarse de manera directa y evidente, o puede ser un tipo de violencia sutil. Para ello debemos conocer los factores que engloban este acoso, así podremos identificarlo y actuar.

El acoso por razón de sexo, como vimos en la unidad 1, se ve reflejado en los estudios de encuestas sobre desigualdad entre hombres y mujeres, en las que se hace patente que a las mujeres les resulta más difícil acceder a un puesto de trabajo, por eso la tasa de desempleo es más elevada. Esto sucede por varios motivos, el más importante de los cuales es que las empresas en muchos casos consideran más beneficioso contratar a un hombre. No es la primera vez que en entrevistas de trabajo se le pregunta a la mujer si tiene pensado ser madre o si tiene hijos pequeños. En cuanto a la formación comparativa, algunos estudios demuestran que, aunque las mujeres suelen obtener mejores resultados académicos que los hombres, la línea de ascenso se rompe en los estudios superiores, debido a que la mujer en muchos casos se ve presionada por la sociedad para formar una familia, y en los cargos de dirección de las empresas existe el llamado techo laboral, que potencia que los hombres tengan fácil el acceso a este tipo de puestos.

 SABÍAS QUE...

Las conductas constitutivas de acoso por razón de sexo no deben confundirse con situaciones de estrés, agotamiento *(burnout)*, presión o conflicto laboral. Estas últimas situaciones pueden surgir de forma interna debido a la presión o condiciones del trabajo (estrés, *burnout)* o pueden ser desacuerdos puntuales y ordinarios que ocurren en el entorno laboral, como choques, discusiones y conflictos eventuales (presión o conflicto laboral).

Existen otros dos tipos de acoso sexual:

Acoso sexual *quid pro quo* o chantaje sexual	Acoso sexual ambiental
- Implica obligar a la víctima a escoger entre ceder a demandas sexuales o enfrentarse a la pérdida o el deterioro de ciertos beneficios o condiciones laborales. Esto puede afectar al acceso a la formación profesional, la continuidad en el empleo, las oportunidades de promoción, la remuneración u otras decisiones relacionadas con el trabajo. Dado que supone un abuso de autoridad, el autor del acoso será alguien que tenga el poder, de manera directa o indirecta, de otorgar o retirar un beneficio o condición laboral.	- La persona que acosa genera un ambiente intimidante, hostil, degradante, humillante u ofensivo para la víctima, debido a actitudes y comportamientos no deseados de índole sexual. Estos actos pueden ser realizados por cualquier miembro de la empresa, sin importar su posición o estatus, o por terceras personas que se encuentren de alguna manera en el entorno laboral.

En función del cargo que ocupa la víctima y la relación con el acosador/agresor, el acoso puede presentarse de las siguientes formas:

- **Acoso horizontal.** La persona agresora y la víctima están en un nivel de igualdad jerárquica dentro de la empresa.
- **Acoso vertical.** La persona agresora y la víctima están en diferente nivel de igualdad jerárquica dentro de la empresa.

  - **Descendente.** Se produce si la persona agresora desempeña un puesto superior al de la víctima.
  - **Ascendente.** Se manifiesta cuando la persona agresora posee un puesto inferior a la víctima. Normalmente este tipo de acoso suele ser grupal. Es muy poco frecuente que el acoso vertical-ascendente sea individual, aunque se puede dar el caso.

Todo acoso sexual se considera discriminatorio.

2.1. Prevención y detección del acoso

La detección y prevención del acoso sexual laboral es fundamental para que las consecuencias sean paliadas cuanto antes, las cuales implican que la víctima pueda sufrir depresión, malestar físico y psíquico, abandono del trabajo, etc. También conllevan que se desarrolle un mal ambiente laboral y que todo el entorno quede contaminado.

 **IMPORTANTE**

La prevención del acoso sexual o por razón de sexo exige que se potencien relaciones de respeto entre todos los miembros de una empresa. Y para que esta prevención sea efectiva ha de incidir en las maneras de actuar y las formas de comportarse de las personas que configuran la empresa, así como en la metodología y la gestión de esta.

Existen tres pautas importantes que seguir para el buen funcionamiento de las relaciones laborales entre las personas en plantilla:

- ⮑ **Información.** Transmitir la información de las normas y del buen hacer entre las personas de una empresa favorece que los conceptos estén claros.
- ⮑ **Sensibilización.** Por medio de talleres en los que se muestren ejemplos y se realicen *role playings* para desarrollar la empatía hacia estas situaciones.
- ⮑ **Formación.** Para que todos y todas se formen a través de cursos, para así favorecer la prevención y la detección, no solo si les sucede en primera persona, sino para poder identificar estas situaciones y poder ayudar a sus compañeras y compañeros.

Además de lo anterior, es importante que la empresa muestre **transparencia** y que en todo momento la línea común se base en que ante estas situaciones la persona víctima que esté sufriendo cualquiera de estos tipos de acoso recibirá desde el primer momento todo el **apoyo** y la **ayuda** por parte de la empresa, así como el compromiso por su parte de actuar con diligencia y determinación ante esta situación de acoso.

Para ello, como decíamos, es fundamental crear entornos laborales que se basen en el respeto hacia todas las personas, basándose en los siguientes tres puntos clave:

1. **Influir en la forma de comportarse y en las actitudes de las personas.** Todas las personas que forman parte de la empresa tienen responsabilidades en la creación de un clima favorable en la empresa. El código de conducta europeo para luchar el acoso sexual remarca:

   El procedimiento para resolver las quejas ha de ser contemplado solo como uno de los componentes de una estrategia para abordar el problema. El principal objetivo ha de ser cambiar los comportamientos y las actitudes.

2. **Fomentar métodos de gestión y entornos que dificulten el acoso sexual y el acoso por razón de sexo.** Se identifican diversos factores de riesgo:

   ◡ Estilos de gestión, estructura empresarial y clima organizativo
   ◡ El contexto
   ◡ La respuesta de la empresa ante estas actitudes o comportamientos (falta de recursos o apoyo)

3. **Aprender a detectar las pistas sutiles que pueden indicar acoso.** Aunque cada vez las personas somos más conscientes de las situaciones de acoso sexual y por razón de sexo, y las organizaciones hayan empezado a reflejarlo por medio de protocolos de actuación, existen formas muy sutiles y sibilinas difíciles de detectar. Para ello hay que estar pendientes de las situaciones que pueden indicar que estas situaciones se pueden estar dando en las empresas.

Para prevención y detección se han elaborado **protocolos de actuación,** que son de carácter obligados en todas las empresas, previo consenso con la representación de los trabajadores. Este protocolo implica la sensibilización para la prevención y las medidas que desarrollar para atajar este tipo de violencia.

La existencia de este protocolo es beneficiosa en todos los sentidos, ya que conlleva una obligación de cumplimiento y una vía de carácter privado, interna, confidencial y real de ataque contra el acoso sexual y por razón de sexo, mediante el cual cualquier persona trabajadora dentro de cada empresa pueda acudir sin tener miedo a las represalias.

De este modo, la implantación del protocolo ayuda sensibilizando a la plantilla, para que, a su vez, sean capaces de identificar más claramente qué comportamientos (verbales, no verbales y físicos) son permitidos y cuáles son denunciables. Esto genera confianza en la plantilla y una sensación de seguridad y respaldo por parte de la empresa, ya que al aceptar e implantar este protocolo está manifestando que tiene tolerancia cero con estos comportamientos.

◉ EJEMPLO

Imagina una empresa mediana de tecnología llamada Technology Solutions que cuenta con unos 180 trabajadores.

Una empleada, Carmen, comienza a recibir comentarios inapropiados y avances no deseados de su responsable directo, Roberto. En principio, Carmen intenta no prestarle atención, pero la situación empeora y llega a afectar a su bienestar emocional y a su rendimiento laboral. Carmen no sabe a quién acudir ni cómo denunciar lo que está pasando, ya que la empresa no tiene un protocolo claro para manejar estas situaciones.

Con un protocolo de actuación frente al acoso, Technology Solutions hubiera dejado evidencia de su compromiso con el bienestar de su plantilla, protegiéndose a la vez de los riesgos legales y financieros que conllevan estas situaciones, manteniendo un ambiente saludable y productivo. Carmen se hubiera sentido segura, respetada y habría decidido quedarse en la empresa potenciando así la productividad y fortalecimiento de esta.

Este ejemplo deja constancia de la importancia de contar con un protocolo frente el acoso que pueda revertir una situación perjudicial y convertirla en una ocasión para fortalecer la cultura y valores de la empresa.

2.2. Actuaciones para apoyar a las víctimas y contra las personas agresoras

La confianza es la base fundamental en todas las relaciones que establecemos las personas. Este punto lo podemos trasladar a la relación empresa-trabajador o trabajadora. Partiendo de esta premisa, solo con la confianza la persona que está sufriendo acoso tendrá la determinación de ponerlo en conocimiento para solucionarlo. Si la situación se alarga, la persona que sufre acoso irá perdiendo fuerzas, y se sentirá sola y desamparada. Esto se reflejará en su productividad y tendrá consecuencias en su estado emocional en general.

Para que esto no ocurra, trataremos a continuación las actuaciones que se pueden desarrollar para apoyar a las víctimas:

- ⮑ **Crear un entorno seguro para la denuncia.** Establecer canales de denuncia confidenciales (líneas de ayuda, correos electrónicos seguros, formularios anónimos) y asegurar que los empleados conozcan estos canales y se sientan seguros utilizándolos.

- **Ofrecer apoyo emocional y psicológico.** Proporcionar acceso a servicios de asesoría y apoyo psicológico. Ofrecer apoyo continuo, no solo durante el proceso de denuncia.
- **Garantizar la confidencialidad.** Asegurar que la identidad de la víctima y los detalles del caso se mantengan confidenciales para proteger su privacidad y evitar represalias.
- **Proteger a la víctima de represalias.** Implementar medidas para que la víctima no sufra represalias, como cambios temporales de departamento o funciones.
- **Realizar una investigación imparcial.** Llevar a cabo una investigación objetiva y detallada de la denuncia e involucrar a un comité imparcial o a un tercero externo si es necesario.
- **Informar y actualizar a la víctima.** Mantener a la víctima informada sobre el progreso de la investigación y las acciones que se están tomando.
- **Tomar medidas correctivas inmediatas.** Si se confirma el acoso, implementar medidas inmediatas para corregir la situación y evitar que vuelva a ocurrir.
- **Ofrecer opciones de resolución.** Proporcionar a la víctima varias opciones para resolver el problema, incluyendo mediación, cambio de departamento o acciones legales si es necesario.

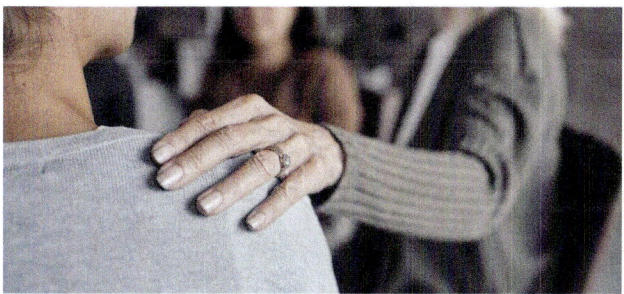

Con las actuaciones de apoyo a la víctima podemos lograr crear un buen ambiente, y que se sienta protegida y escuchada.

Paralelamente, es igual de importante desarrollar las actuaciones contra las personas agresoras. Las siguientes son las más importantes:

- **Investigar de forma justa y completa.** Permitiendo que la persona acusada responda a las acusaciones.
- **Aplicar sanciones adecuadas.** En función de la gravedad del acoso confirmado, imponer sanciones apropiadas, que pueden ir desde una

advertencia formal hasta el despido, asegurándose de que estas sean consistentes con la política de la empresa y las leyes aplicables.

⊃ **Proporcionar formación y rehabilitación.** En casos menos graves, considerar la posibilidad de proporcionar formación sobre conducta apropiada en el lugar de trabajo, ofreciendo programas de rehabilitación para ayudar al agresor a corregir su comportamiento.

⊃ **Monitorear el comportamiento.** Después de tomar medidas disciplinarias, monitorear de cerca el comportamiento del agresor para asegurarse de que no haya recurrencias.

⊃ **Comunicar la política de tolerancia cero.** Reafirmar la política de la empresa sobre el acoso y la tolerancia cero hacia dicho comportamiento, asegurándose de que todos los empleados entiendan las consecuencias de las conductas inapropiadas.

⊃ **Crear un ambiente de respeto.** Fomentar una cultura de respeto y profesionalismo en el lugar de trabajo por medio de la implementación de programas de formación continua sobre acoso y comportamiento adecuado para todos los empleados.

3. Aplicación del protocolo contra el acoso sexual y por razón de sexo

 HILO CONDUCTOR

La aplicación del protocolo contra el acoso sexual y por razón de sexo en Innovatech Global se lleva a cabo de manera estructurada y meticulosa, para garantizar una respuesta efectiva y justa ante cualquier denuncia.

La implementación de un protocolo consiste en añadir diferentes modelos de documento y formularios de quejas o denuncia, y su finalidad es **informar, sensibilizar, prevenir y atajar esta forma de violencia de género en el ámbito laboral,** haciendo factible así el cumplimiento del artículo 48 de la Ley para la Igualdad Efectiva entre Hombres y Mujeres, que impone a las empresas, independientemente del número de personas trabajadoras, implantar un procedimiento para prevenir y actuar contra el acoso sexual y por razón de sexo.

Para conocer los diferentes tipos de protocolo frente al acoso laboral tenemos que profundizar en los planes de igualdad en las empresas y sus características.

DEFINICIÓN

Planes de igualdad
Estrategias que las organizaciones implementan para asegurar que hombres y mujeres tengan las mismas oportunidades y condiciones en el trabajo. Estos planes incluyen medidas para eliminar cualquier tipo de desigualdad o discriminación de género. Abarca áreas como la contratación, la formación, los ascensos y el salario. Se establecen objetivos claros, acciones específicas y métodos para evaluar y garantizar que se logre la igualdad en el entorno laboral.

La entrada en vigor del Real Decreto-Ley 6/2019, de 1 de marzo, de medidas urgentes para garantía de la igualdad de trato y de oportunidades entre mujeres y hombres en el empleo y la ocupación, conllevó la obligación de la negociación del plan de igualdad y su diagnóstico previo. Es preceptiva para aquellas empresas obligadas, legal o convencionalmente, a elaborar y aplicar un plan de igualdad.

IMPORTANTE

¿Qué empresas están obligadas a incluir un plan de igualdad?

- Las empresas con 50 o más trabajadores en plantilla (se cuentan trabajadores fijos de jornada completa o parcial, eventuales, fijos discontinuos y trabajadores con contratos de puesta a disposición; siempre se tendrá en cuenta en los 6 meses anteriores y, en el caso de contratos de duración determinada, que se haya trabajado 100 días o más). En el momento en el que se supere el umbral de 50 trabajadores, estará obligado a constituirse la comisión negociadora para elaborar el plan. Aunque el número de reduzca, seguirá vigente 4 años.
- Las empresas obligadas por el convenio colectivo de aplicación.

Continúa en página siguiente >>

<< Viene de página anterior

- Las empresas en las que la autoridad laboral lo hayan acordado en un proceso sancionador, consiguiendo eliminar las sanciones por la obligación de establecer el plan de igualdad.

Para el resto de las empresas, su elaboración será de carácter voluntario, previo acuerdo con la representación de los trabajadores.

La elaboración y puesta en marcha de los planes de igualdad tiene cinco fases:

1. **Puesta en marcha del proceso de elaboración del plan de igualdad.** Comunicación y apertura de la negociación y constitución de la comisión negociadora.
2. **Realización del diagnóstico.** Recopilación y análisis de datos cuantitativos y cualitativos para conocer el grado de integración de la igualdad entre mujeres y los hombres en la empresa.
3. **Diseño, aprobación y registro del plan de igualdad.** Definición de objetivos, diseño de medidas, establecimiento de indicadores de seguimiento y evaluación, calendario de aplicación, aprobación y registro del plan.
4. **Implantación y seguimiento del plan de igualdad.** Comprobación del grado de desarrollo y cumplimiento de las medidas y valoración de resultados.
5. **Evaluación del plan de igualdad.** Valoración del grado de consecución de los objetivos, resultados e impacto que ha tenido el plan en la empresa.

 TAREA 2

La empresa Cacahuete Films está indecisa, porque no sabe si está obligada a elaborar un plan de igualdad. Necesita resolver su duda en un plazo corto de tiempo, ya que es diciembre y para el siguiente año han de tenerlo elaborado en el caso de estar obligados.

Los datos de que disponemos de la empresa son:

Continúa en página siguiente >>

<< Viene de página anterior

- Cuenta con 51 empleados, de los cuales 30 son fijos, 10 fijos discontinuos, 8 trabajan a tiempo parcial y 3 han estado con contrato de duración determinada de enero a noviembre.
- El convenio colectivo para productoras no menciona la obligatoriedad del plan.

Ayuda a esta empresa a resolver su duda sobre la obligatoriedad de elaborar un plan de igualdad, explicando los motivos de tu decisión y la solución para la empresa.

3.1. Funcionalidades y alcance

El objetivo principal de implementar el protocolo de prevención y actuación frente el acoso sexual y por razón de sexo es poder articular las medidas necesarias para primero prevenir y después luchar el acoso sexual y/o por razón de sexo, marcando un canal confidencial, rápido y de fácil acceso para conocer y gestionar las quejas y denuncias frente a situaciones que se produzcan en el núcleo interno de la empresa.

Entre otros, los objetivos principales que se pretenden alcanzar con el protocolo pueden resumirse en los siguientes:

- **Promover una cultura preventiva.** Fomentar una cultura en toda la organización que prevenga el acoso sexual y por razón de sexo en todos sus ámbitos y niveles.
- **Tolerancia cero.** Dejar claro que la empresa no tolerará ninguna forma de acoso sexual o por razón de sexo, independientemente de dónde ocurra dentro de la organización.
- **Identificación de conductas de acoso.** Facilitar que todos los miembros de la organización puedan reconocer qué comportamientos constituyen acoso sexual y por razón de sexo en sus diversas formas.
- **Procedimiento de denuncia accesible.** Implementar un proceso de queja o denuncia que sea simple, rápido y accesible, permitiendo a las víctimas denunciar de manera confidencial las situaciones de acoso que sufren.
- **Investigación rápida y confidencial.** Investigar internamente y de manera ágil, rápida y confidencial las denuncias de acoso para determinar si realmente ha ocurrido un caso de acoso sexual o por razón de sexo en la empresa.

- **Sanciones y compensación.** Sancionar a la persona responsable del acoso y compensar a la víctima que ha sufrido acoso sexual o por razón de sexo.
- **Apoyo a la víctima.** Apoyar a la persona que ha sufrido acoso para evitar su revictimización, proporcionando acceso a acompañamiento psicológico y social según sea necesario.

El alcance del protocolo incluye los siguientes elementos:

- Tener cobertura para todos los empleados. Debe aplicarse a todas las personas, independientemente del tipo de contrato, cargo o antigüedad en la empresa.
- Debe incluir a terceras partes, tales como contratistas, proveedores y cualquier persona que tenga relación laboral con la empresa.
- El ámbito de actuación, en cuanto al espacio físico, hace referencia a todos los espacios de la empresa, trabajo en remoto y cualquier espacio donde los empleados realicen su labor. En cuanto al entorno digital, cubre los correos electrónicos, las redes sociales y cualquier tipo de entorno que la empresa utilice para desarrollar el trabajo.
- Incluye el acoso sexual y el acoso por razón de sexo.
- Medidas proactivas, tales como prevención de riesgos por medio de evaluaciones regulares para identificar áreas de riesgo y vulnerabilidades, y promoción de la igualdad por medio de la implementación de políticas y prácticas que promuevan la igualdad de género.

 VÍDEO

Puedes ver un vídeo y profundizar sobre cómo desde la fundación Mujeres pueden asesorar a las empresas sobre la prevención y las actuaciones frente el acoso sexual y/o por razón de sexo en el marco del programa Dana+ para cumplir con el artículo 48.1 de Ley Orgánica de Igualdad Efectiva entre Hombres y Mujeres. Para verlo accede desde aquí;

https://redirectoronline.com/ctri00020202

ACTIVIDAD COMPLEMENTARIA

3. Piensa y reflexiona profundamente sobre la importancia y efectividad de los protocolos de acoso sexual en las empresas, a través de las siguientes preguntas clave. Básate para tu respuesta en el manual de referencia del Protocolo para la prevención y actuación frente al acoso sexual, el acoso por razón de sexo y otras conductas contrarias a la libertad sexual y la integridad moral en el ámbito laboral que ofrece el Instituto de la mujer en su página web a la que puedes acceder desde aquí:

https://redirectoronline.com/ctri00020201

A continuación, reflexiona sobre las siguientes cuestiones:

1. ¿Consideras importante el protocolo de actuación frente al acoso sexual en las empresas?
2. ¿Crees que es eficaz?

3.2. Principios rectores del protocolo: agilidad, protección del anonimato, presunción de inocencia, entre otras

Para que se pueda establecer el protocolo de la empresa frente al acoso existen unos puntos comunes que todo protocolo ha de contener. Además, existen unos principios rectores que son de carácter general y obligado para todas las empresas.

El protocolo de actuación contendrá en todos los casos, tres puntos fundamentales:

⊃ **Declaración de principios y definición de acoso.** Establecer claramente los principios de la empresa sobre el acoso sexual y por razón de sexo, definiendo qué se entiende por acoso y enumerando las conductas que podrían ser consideradas como tal.

➲ **Procedimiento de actuación.** Describir el proceso que se seguirá en caso de acoso, incluyendo cómo se manejarán las quejas o denuncias, así como las medidas preventivas y correctivas que se pueden aplicar.

➲ **Medidas reactivas y régimen disciplinario.** Detallar las acciones que se tomarán en respuesta a un caso de acoso y especificar las sanciones disciplinarias que se aplicarán a los responsables.

Las negociaciones en las empresas son fundamentales para que las políticas de igualdad y los protocolos tengan un impacto positivo y productivo en la cultura de la empresa.

Además, el procedimiento se basará en los siguientes principios, que deben ser respetados en todo momento:

➲ **Prevención y sensibilización.** Informar y sensibilizar sobre el acoso sexual y por razón de sexo, asegurando que los procedimientos y medidas sean conocidos y accesibles.

➲ **Confidencialidad y respeto.** Mantener la confidencialidad y respetar la intimidad y dignidad de las personas involucradas.

➲ **Presunción de inocencia.** Respetar el principio de presunción de inocencia de la persona acusada de acoso.

➲ **Prohibición de represalias.** Asegurar que no haya represalias contra la supuesta víctima ni contra quienes apoyen o denuncien casos de acoso sexual y por razón de sexo.

➲ **Diligencia y rapidez.** Actuar con rapidez, seguridad, coordinación y colaboración durante el procedimiento.

➲ **Protección de derechos.** Garantizar los derechos laborales y la protección social de las víctimas.

➲ **Investigación exhaustiva.** Realizar una investigación completa y confidencial de los hechos, basada en principios de contradicción y oralidad, escuchando a todas las partes y asegurando la imparcialidad.

- **Medidas disciplinarias.** Tomar las medidas necesarias, incluidas sanciones disciplinarias, contra las personas cuyas conductas de acoso sean comprobadas.
- **Resarcimiento y protección.** Compensar a la persona acosada y proteger su salud psicológica y física.
- **Enfoque de género y derechos humanos.** Incorporar una perspectiva de género y derechos humanos en todo el procedimiento.

Teniendo en cuenta los principios rectores que han de incluir todos los protocolos, hablaremos también de la publicidad del protocolo adoptado.

Para que el protocolo cumpla la función de prevenir y evitar situaciones de acoso y/o violencia que hemos estado tratando anteriormente, ha de comunicar a la adopción del protocolo a todas las personas que prestan servicio en la organización a través de varios medios: correo web, en la intranet propia de la empresa a la que acceden todos y todas las trabajadoras, en los propios centros de trabajo en tablones de anuncios o en lugares que son visibles para las personas trabajadoras, en sus redes sociales, en su página web, para que conozcan su existencia, su conocimiento y su alcance.

De este modo, la organización hace pública su intención de tolerancia cero ante situaciones de acoso sexual y/o por razón de sexo, y su propósito de tomar las medidas pertinentes ante cualquier indicio o conducta reflejada en el protocolo.

 IMPORTANTE

La empresa, como vimos en los principios rectores, garantizará la máxima confidencialidad de todos los pasos que seguir en este procedimiento.

El activar este protocolo no impide que las personas afectadas o testigos de la conducta recurran a otros medios, como la vía administrativa o judicial, para poner en conocimiento lo que se está produciendo en la empresa.

Independientemente de que la situación no sea propiamente considerada como acoso sexual y/o por razón de sexo, sino que sea de carácter hostil, la empresa también actuará para atajarlas y eliminarlas. Puede crear para ello también un **canal ético.**

3.3. Procedimiento de elaboración y negociación del protocolo

Como vimos, algunas empresas cuentan con planes de igualdad, algunas por obligación y otras por carácter obligatorio. Otras empresas carecen de este plan de igualdad, con lo que tienen que actualizarse en materia de igualdad, porque el protocolo es obligatorio para todas las empresas.

Existen dos modelos de protocolo de prevención y actuación frente al acoso sexual y/o por razón de sexo, en función de dos características de las empresas:

> Modelo de protocolo para la prevención y actuación frente al acoso sexual, el acoso por razón de sexo y otras conductas contrarias a la libertad sexual y la integridad moral en el ámbito laboral en empresas que elaboren un plan de igualdad (obligatorio o voluntario).

> Modelo de protocolo para la prevención y actuación frente al acoso sexual, el acoso por razón de sexo y otras conductas contrarias a la libertad sexual y la integridad moral en el ámbito laboral en empresas de menor tamaño que carezcan de plan de igualdad.

Existen tres fases para la negociación del protocolo:

- 1. Regulación del acoso sexual en la empresa

- 2. Elaboración del protocolo

- 3. Implantación, seguimiento y evaluación

Regulación del acoso sexual en la empresa

El primer paso para elaborar el protocolo es conocer cómo regula la empresa el acoso sexual o por razón de sexo. Para ellos nos detendremos en los siguientes aspectos:

1. **Convenio colectivo.** Si está reflejado o no, en la mayoría de los casos se considera una falsa muy grave reguladas mediante proceso sancionador.
2. **Dentro del Plan igualdad.** Forma parte del plan de igualdad que ya fue incluido cuando se elaboró el plan (las empresas que lo tengan).
3. **Protocolo de acoso como medida independiente.** Que protocolo sea independiente sin que se regule en su convenio ni forme parte de su plan de igualdad.

IMPORTANTE

Las medidas deberán ser acordadas con los representantes sindicales de los trabajadores, ya que la ley les otorga un papel clave en la prevención y eliminación del acoso.

Elaboración del protocolo

El protocolo para prevenir y erradicar el acoso sexual y el acoso por razón de sexo debe ser negociado entre la empresa y los representantes sindicales, conforme a lo establecido en el artículo 48 de la **Ley Orgánica 3/2007, de 22 de marzo, para la igualdad efectiva de mujeres y hombres.**

Los representantes de los trabajadores y la organización negociarán el protocolo de prevención y actuación frente al acoso sexual y/o por razón de sexo.

Implantación, seguimiento y evaluación

La implementación y el seguimiento ha de ser una función compartida entre las personas trabajadoras de la empresa, la empresa y la representación sindical.

Aunque es responsabilidad de la empresa garantizar un entorno libre de discriminación y acoso sexual o por razón de sexo, incluyendo tener un protocolo de prevención y erradicación, también es responsabilidad de los representantes sindicales participar en la implementación del protocolo según lo acordado. Esto debe hacerse conforme al artículo 48.2 de la Ley Orgánica 3/2007, de 22 de marzo, para la igualdad efectiva de mujeres y hombres. Además, todos los trabajadores deben ser sensibles a los casos de acoso, asegurando que sus conductas y las de sus compañeros no sean ofensivas, apoyando a las víctimas y respetando las normas del protocolo. El seguimiento de este protocolo nos permitirá evaluar su adecuación a la empresa y realizar las modificaciones necesarias para mejorar su eficacia.

Principales elementos que han de contener los protocolos, teniendo en cuenta que cada empresa tiene su idiosincrasia, su idioma y sus procesos:

- **Declaración de principios.** En esta sección, la empresa debe expresar claramente su compromiso con la prevención, tratamiento y eliminación del acoso sexual y el acoso por razón de sexo. Debe incluir:

  - **Respeto a la dignidad y los derechos:** la empresa garantiza el respeto a la dignidad y los derechos fundamentales de todos los empleados.
  - **Prohibición del acoso:** se debe prohibir explícitamente el acoso sexual y el acoso por razón de sexo.
  - **Política de tolerancia cero:** el acoso va en contra de la política de la empresa. Se tomarán medidas disciplinarias si se detecta.
  - **Referencias legales:** mencionar las leyes que prohíben el acoso sexual y por razón de sexo.

- **Objetivos.** Este apartado debe definir claramente el propósito del protocolo. El objetivo es prevenir situaciones de acoso sexual y acoso por razón de sexo y ofrecer a los empleados los mecanismos adecuados para actuar en caso de que ocurran.
- **Definiciones y tipologías.** El protocolo debe especificar y definir las conductas que constituyen acoso sexual (como el chantaje sexual y el acoso ambiental) y acoso por razón de sexo, de acuerdo con la Ley para la Igualdad Efectiva de Mujeres y Hombres. También se puede incluir

una lista de ejemplos de conductas que pueden ser consideradas acoso sexual o por razón de sexo, aunque esta lista no debe ser exhaustiva.

- **Ámbito de aplicación.** El protocolo de acoso debe aplicarse a toda la plantilla de la empresa y a todos los lugares donde se realicen actividades laborales. Esto incluye no solo las instalaciones de la empresa, sino también cualquier sitio o momento en el que los empleados estén presentes por motivos profesionales, como viajes de trabajo, jornadas de formación, reuniones y eventos sociales de la empresa.

- **Medidas preventivas.** El empresario debe comprometerse a tomar medidas preventivas para evitar el acoso sexual y el acoso por razón de sexo. Esto incluye proporcionar información, realizar campañas de sensibilización, ofrecer formación continua y difundir el protocolo entre todos los empleados.

- **Procedimiento de actuación.** La víctima de acoso tiene el derecho de iniciar el procedimiento interno de la empresa, sin que esto afecte la posibilidad de presentar acciones legales ante instancias administrativas o judiciales.

  La empresa, en colaboración con los representantes legales de los trabajadores, debe establecer un procedimiento interno claro para tratar las denuncias de acoso sexual o por razón de sexo. Este procedimiento debe ser eficiente, ágil y efectivo para manejar los casos de acoso que puedan surgir en la empresa.

  En el protocolo de actuación deben detallarse las diferentes etapas del procedimiento interno y las personas asignadas para apoyar a la víctima a lo largo del proceso.

- **Garantías del Proceso y Plazos.** En esta sección se debe incluir:

  - Tratamiento riguroso
  - Protección del denunciante
  - Derechos de las partes

- **Sanciones, acciones correctivas y complementarias.** Una vez confirmada la situación de acoso, se deberá abrir un expediente sancionador contra la persona responsable si esta pertenece a la empresa. Si el acosador no está en el ámbito de la empresa, esta deberá tomar las medidas necesarias para garantizar que el acoso no continúe, incluyendo acciones con contratistas, subcontratas o empresas de trabajo temporal.

- **Publicidad y entrada en vigor.** En esta sección se detallará que el protocolo debe ser cumplido por todo el personal de la empresa. Se establecerá la fecha en la que comenzará a aplicarse, cómo se difundirá entre los empleados y cuánto tiempo estará en vigor. Además, deberá ser firmado tanto por la empresa como por los representantes legales de los trabajadores.

⊃ **Seguimiento y evaluación.** Aquí se definirán los métodos para hacer el seguimiento y la evaluación del protocolo. Se aclarará quién será responsable de llevar a cabo esta evaluación, qué indicadores se utilizarán para medir si se están logrando los objetivos y los plazos en los que se realizará la evaluación.

3.4. Buenas prácticas y protocolos de referencia en el ámbito autonómico y estatal

El Código de Buenas Prácticas para la Prevención del Acoso es un conjunto de pautas y normas diseñado para fomentar un ambiente de trabajo sano y libre de acoso sexual, acoso por razón de sexo y acoso psicológico.

Entre los principios clave que suele incluir este tipo de código se encuentran:

1. **Declaración de principios.** El código establece que todas las personas deben ser tratadas con igualdad y respeto, destacando que cada individuo tiene los mismos derechos y dignidad. Subraya la importancia de seguir la legislación y de respetar a los demás para mantener un ambiente de trabajo positivo.
2. **Tipos de acoso.** El código define y aclara los distintos tipos de acoso, como el acoso sexual, el acoso por razón de sexo el acoso psicológico.
3. **Conductas que evitar.** Se detallan los comportamientos que pueden contribuir a crear situaciones de acoso, señalando qué conductas deben evitarse para prevenir esta tipo de problemas.
4. **Régimen disciplinario.** Se especifican las sanciones que se aplicarán a quienes violen el código, estableciendo las medidas disciplinarias para asegurar el cumplimiento de las normas.

 **APLICACIÓN PRÁCTICA**

María es directora de recursos humanos de la empresa Innovatech. Recientemente ha recibido varias quejas informales sobre comportamientos inapropiados en el lugar de trabajo. Preocupada por la situación, ha decidido que es necesario elaborar un protocolo de actuación frente al acoso sexual y por razón de sexo. María desea crear un protocolo completo, efectivo y aceptado por todos los empleados, lo que implica que su objetivo es involucrar a todos los niveles de la organización y

Continúa en página siguiente >>

<< Viene de página anterior

asegurar un enfoque amplio y participativo. De los tres casos que se presentan, indica aquella que promueva un enfoque inclusivo y colaborativo para generar aceptación y efectividad del protocolo.

- **Caso1: Proceso inclusivo con un comité multidisciplinario**

  María podría crear un comité multidisciplinario compuesto por representantes de los departamentos clave (recursos humanos, legal, y sindicatos) y empleados de distintos niveles jerárquicos.

- **Caso2: Protocolo basado en una evaluación externa con ajustes internos.**

  María puede optar por realizar una evaluación externa a través de una empresa consultora especializada en igualdad y acoso laboral.

- **Caso3: Elaboración rápida con aprobación y mejora progresiva.**

  En este enfoque, María podría optar por una elaboración rápida del protocolo, basándose en modelos preexistentes y garantizando que cumpla con los requisitos legales mínimos.

Solución

La respuesta correcta es el caso 1

Este caso involucra a representantes de diferentes departamentos y empleados de distintos niveles jerárquicos, lo que asegura que las perspectivas de todos los grupos de la empresa se tengan en cuenta en la elaboración del protocolo. Este enfoque participativo ayuda a generar aceptación generalizada y garantiza que el protocolo sea más efectivo y aplicable en toda la organización.

Existen buenos ejemplos y protocolos que han marcado un antes y un después en la lucha contra el acoso sexual y por razón de sexo. Son los siguientes:

- ⮑ **Protocolo Estatal. Ley Orgánica 3/2007, de 22 de marzo:** esta ley establece la igualdad efectiva entre mujeres y hombres y obliga a las empresas con más de 50 empleados a elaborar e implementar un plan de igualdad que incluya medidas contra el acoso sexual y por razón de sexo.

⮂ **Protocolos autonómicos:**

◔ **Cataluña: Ley 17/2015,** de igualdad efectiva entre mujeres y hombres, en Cataluña, que incluye directrices para la prevención y actuación frente al acoso sexual y por razón de sexo. Proporciona guías para la creación de protocolos específicos.

◔ **Madrid: Ley 3/2020,** de igualdad entre mujeres y hombres, en la Comunidad de Madrid. También ofrece directrices para la elaboración y aplicación de protocolos de igualdad y prevención de acoso.

⮂ **Protocolos de buenas prácticas:**

◔ **Instituto de la Mujer:** ofrece recursos y guías sobre cómo establecer protocolos de actuación en el ámbito laboral, basados en las mejores prácticas para la prevención y resolución de casos de acoso.

◔ **CEOE y CEPYME:** publican recomendaciones y protocolos para empresas sobre igualdad de género y prevención del acoso. Proporciona ejemplos de buenas prácticas y herramientas implementarlos.

 **NOTA**

Las buenas prácticas y protocolos de referencia en el ámbito autonómico y estatal están diseñados para crear un entorno laboral seguro y respetuoso. Implementar estas prácticas y seguir los protocolos establecidos asegura que las empresas cumplan con las normativas legales y promuevan la igualdad y el respeto en el lugar de trabajo.

- -

3.5. Real Decreto 1026/2024. Medidas para la igualdad y no discriminación de las personas LGTBI en las empresas

El Real Decreto 1026/2024, publicado el 8 de octubre de 2024, establece un marco legal para implementar medidas en las empresas españolas que garanticen la igualdad y no discriminación de las personas LGTBI. Esta normativa deriva de la Ley 4/2023, y su objetivo es asegurar la igualdad real en el ámbito laboral, tanto para empleados como para otros actores, como proveedores o clientes.

Algunas de las principales obligaciones para las empresas son:

1. **Protocolo contra el acoso y la violencia.** Todas las empresas con más de 50 empleados deben desarrollar medidas contra el acoso y garantizar que los procesos de denuncia sean confidenciales, imparciales y rápidos.
2. **Formación y sensibilización.** Se requiere que las empresas incluyan módulos de formación específicos sobre los derechos LGTBI para toda la plantilla, promoviendo la igualdad de trato.
3. **Acceso al empleo y promoción.** Las empresas deben asegurar procesos justos de selección y promoción, garantizando la no discriminación por orientación sexual, identidad o expresión de género.
4. **Permisos y beneficios sociales.** Se adaptan a la diversidad de las familias LGTBI, garantizando el acceso a permisos y beneficios en igualdad de condiciones.

 IMPORTANTE

La norma otorga a las empresas un plazo de tres meses para negociar estas medidas con la representación legal de los trabajadores. Si no existe acuerdo, se aplicarán las medidas mínimas establecidas en el decreto.

 PARA SABER MÁS

Puedes consultar el Real Decreto 1026/2024, publicado el 8 de octubre de 2024 accediendo desde aquí:

https://redirectoronline.com/ctri00020200

El protocolo que exige el Real Decreto 1026/2024 para combatir el acoso y la violencia hacia personas LGTBI en el trabajo debe ser un conjunto de medidas claras que las empresas implementen para prevenir y actuar en caso de que se presenten estas situaciones. Algunas de estas medidas son las siguientes:

- **Confidencialidad.** Es fundamental que todas las personas involucradas en la investigación mantengan la discreción sobre el caso. Esto es clave para proteger la privacidad tanto de la persona que denuncia como de la persona acusada.
- **Protección a la víctima.** Desde que se denuncia un caso de acoso, la empresa debe garantizar que la persona afectada esté segura, tanto física como emocionalmente. Esto puede implicar, por ejemplo, separar temporalmente a la víctima de la persona acusada mientras se resuelve el caso.
- **Rapidez.** Las denuncias deben ser investigadas lo más rápido posible, sin demoras innecesarias. Cuanto antes se resuelva el asunto, mejor para todas las partes.
- **Tratamiento justo.** Tanto la persona que denuncia como la persona acusada tienen derecho a un proceso imparcial. Se debe garantizar que ambos sean escuchados de manera equitativa.
- **No a las represalias.** Ninguna persona que presente una denuncia o ayude en la investigación debe sufrir represalias, como el despido o cambios negativos en sus condiciones laborales.
- **Medidas temporales.** Mientras se investiga el caso, la empresa puede tomar medidas preventivas, como separar a las partes involucradas para evitar más confrontaciones.
- **Restitución de derechos.** Si el acoso ha perjudicado laboralmente a la víctima (por ejemplo, con cambios en sus condiciones de trabajo), la empresa tiene que devolverle esos derechos una vez se haya resuelto la situación.

4. Resumen

Los protocolos de actuación para abordar situaciones de acoso son esenciales para prevenir el acoso mediante la formación y la sensibilización, y para establecer procedimientos claros para la denuncia y la investigación, y proteger a las víctimas garantizando su confidencialidad.

Los objetivos principales que se pretenden alcanzar con los protocolos son entre otros los siguientes:

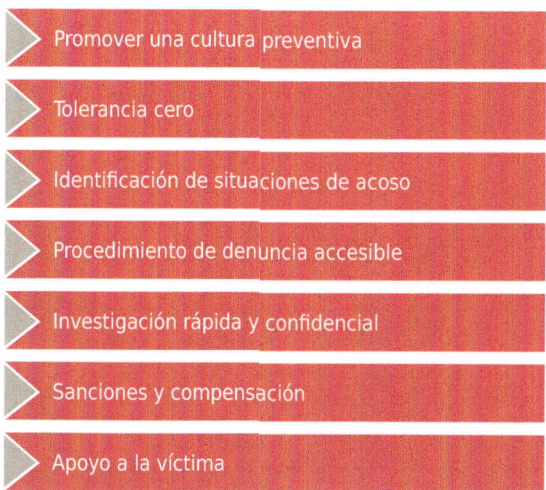

- Promover una cultura preventiva
- Tolerancia cero
- Identificación de situaciones de acoso
- Procedimiento de denuncia accesible
- Investigación rápida y confidencial
- Sanciones y compensación
- Apoyo a la víctima

Para una buena implementación de los protocolos han de poseer como mínimo los siguientes elementos:

1 - Declaración de principios

2 - Objetivos

3 - Definiciones y tipologías

4 - Ámbito de aplicación

5 - Medidas preventivas

6 - Procedimiento de actuación

7 - Garantía del proceso y plazos

8 - Sanciones, acciones correctivas y complementarias

9 - Publicidad y entrada en vigor

10 - Seguimiento y evaluación

Ejercicios de autoevaluación
Unidad de Aprendizaje 2

1. El acoso sexual puede ser, teniendo en cuenta el cargo que ocupa la víctima y la relación con el agresor...

   a. ... acoso horizontal.
   b. ... acoso vertical.
   c. ... acoso vertical ascendente.
   d. ... acoso horizontal descendente.

2. Indica cuál de los siguientes no es un nivel de gravedad del acoso:

   a. Leve
   b. Grave
   c. Medio
   d. Muy grave

3. Indica cuál de los siguientes no es una pauta para el buen funcionamiento de las relaciones laborales entre las personas en plantilla:

   a. Depresión
   b. Información
   c. Sensibilización
   d. Formación

4. Señala cuál de los siguientes no es una actuación para apoyar a las víctimas:

   a. Crear un entorno seguro.
   b. No informar a la víctima durante el proceso.
   c. Ofrecer opciones de resolución.
   d. Garantizar la confidencialidad.

5. Indica cuál de los siguientes no es una actuación contra las personas agresoras:

   a. Investigar de manera justa y completa.
   b. Proporcionar formación y rehabilitación.

c. Monitorear el comportamiento.
d. No aplicar ningún tipo de sanción.

6. Determina si la siguiente oración es verdadera o falsa: "La finalidad de implementar un protocolo contra el acoso sexual y/o por razón de sexo es informar, sensibilizar, prevenir y atajar esta forma de violencia de género en el ámbito laboral".

- ■ Falso
- ■ Verdadero

7. Los planes de igualdad son:

a. Estrategias que las organizaciones implementan para asegurar que hombres y mujeres tengan las mismas oportunidades y condiciones en el trabajo.
b. Pasos que completar para lograr que todos los trabajadores sigan un plan formativo continuo.
c. Protocolos de actuación frente el acoso sexual.
d. Un plan para elaborar diagnósticos de productividad.

8. Señala la opción correcta:

a. Los planes de igualdad no son obligatorios para ninguna empresa, pero son recomendables.
b. Los planes de igualdad son de obligada elaboración para las empresas de 50 o más trabajadores.
c. La implementación de protocolos de prevención tiene carácter voluntario para las empresas.
d. Los protocolos eliminan completamente las situaciones de acoso.

9. Determina si la siguiente oración es verdadera o falsa: "El alcance del protocolo incluye la cobertura de todos los empleados y se aplica a todas las personas, independientemente del tipo de contrato, cargo o antigüedad en la empresa".

- ■ Verdadero
- ■ Falso

10. Ordena adecuadamente las fases de negociación de los protocolos de prevención y actuación del acoso sexual y por razón de sexo:

    — Implantación, seguimiento y evaluación
    — Regulación del acoso
    — Elaboración del protocolo

Glosario

Acoso por razón de sexo
Conducta no deseada relacionada con el sexo de una persona que tiene como objetivo o efecto atentar contra su dignidad o crear un entorno intimidante, ofensivo o degradante.

Acoso sexual
Comportamiento no deseado de naturaleza sexual que crea un ambiente hostil, humillante o intimidante para la persona que lo sufre. Puede incluir comentarios, insinuaciones, gestos o contacto físico no consentido.

Buenas prácticas
Conjunto de acciones o políticas que han demostrado ser eficaces en la prevención y gestión de casos de acoso sexual o por razón de sexo en distintas organizaciones o instituciones.

Desigualdades de género
Diferencias sistemáticas en oportunidades, poder, recursos y derechos entre mujeres y hombres que resultan en desigualdad en varias esferas de la vida, como el trabajo, la política y la familia.

Género
Construcción social y cultural de los roles, comportamientos y atributos que una sociedad considera apropiados para hombres y mujeres.

Igualdad de oportunidades entre mujeres y hombres
Principio según el cual mujeres y hombres deben tener las mismas posibilidades y oportunidades en todos los aspectos de la vida, incluyendo el acceso a empleo, educación y participación en la vida pública y política.

Ley 17/2015
Regula aspectos relacionados con la igualdad entre sexos y la no discriminación, promoviendo medidas para combatir la desigualdad y fomentar la participación equitativa de ambos géneros.

Ley 17/2020
Normativa que refuerza y amplía las medidas contra la violencia de género, actualizando y ajustando las normativas existentes para abordar nuevas formas de violencia.

Ley Orgánica 1/2004
Conocida como la Ley de Medidas de Protección Integral contra la Violencia de Género, establece medidas para prevenir y combatir la violencia de género en España.

Ley Orgánica 3/2007
Ley para la igualdad efectiva de mujeres y hombres en España, que busca eliminar la discriminación por razón de sexo y promover la igualdad de oportunidades.

Machismo
Actitud o comportamiento que promueve la superioridad del hombre sobre la mujer, perpetuando la desigualdad entre ambos géneros.

Micromachismos
Pequeños actos de dominación o control sutil que refuerzan los roles tradicionales de género y perpetúan la desigualdad, a menudo de forma imperceptible o socialmente aceptada.

Prevención del acoso
Medidas y acciones destinadas a identificar y evitar el acoso sexual y por razón de sexo, promoviendo un entorno de respeto y seguridad.

Principios rectores del protocolo
Valores que guían la creación y aplicación del protocolo contra el acoso, tales como la agilidad en la respuesta, la protección del anonimato de las víctimas y la presunción de inocencia para el acusado.

Procedimiento de elaboración del protocolo
Proceso mediante el cual se desarrolla y negocia un protocolo de actuación frente al acoso, involucrando a todas las partes interesadas para garantizar su efectividad y aplicabilidad.

Protocolo contra el acoso
Conjunto de normas y procedimientos implementados por organizaciones para prevenir, detectar y gestionar casos de acoso sexual o por razón de sexo, garantizando la protección de las víctimas.

Sexo

Se refiere a las características biológicas que diferencian a los seres humanos como mujeres u hombres.

Violencia de género

Cualquier acto de violencia basado en el género que resulte en daño o sufrimiento físico, sexual o psicológico, incluidas las amenazas, la coerción o la privación arbitraria de la libertad, especialmente contra mujeres.

Bibliografía

Monografías

→ PATEMAN, C.: *El contrato sexual*. Madrid: Menéades, 2019.

> Ensayo en el que se intenta dar explicación a los condicionantes sociales, educacionales y políticos que han determinado que el poder patriarcal de los hombres sobre las mujeres se haya ejercido en tanto que gobernantes, padres y esposos, mientras ellas aceptaron su papel de hijas tuteladas, esposas y madres.

Textos electrónicos, bases de datos y programas informáticos

→ Código de Buenas Prácticas Prevención de Acoso Fundación DFA, de: <https://www.fundaciondfa.es/sites/default/files/adjuntos/2021/Codigo_Buenas_Practicas_Acoso_Sexual.pdf>.

> La fundación DFA pone a nuestra disposición este código de buenas prácticas para la prevención del acoso sexual.

→ Guía para la elaboración de planes de igualdad en las empresas, de: <https://www.igualdadenlaempresa.es/asesoramiento/pdi/docs/Guia_pdi.pdf>.

> Esta guía, elaborada por la Subdirección General para el Emprendimiento, la Igualdad en la Empresa y la Negociación Colectiva de Mujeres del Instituto de las Mujeres del Ministerio de Igualdad, es una herramienta para generar conocimiento y metodologías específicas para la elaboración e implementación de planes de igualdad según la normativa en las empresas.

→ Guía para la elaboración de un protocolo de prevención y actuación frente al acoso sexual y el acoso por razón de sexo en el ámbito laboral, de: <https://observatorioviolencia.org/wp-content/uploads/pub23597_Guia_para_la_elaboracion_de_un_protocolo_de_prevencion_y_actuacion_frente_al_acoso_sexual_y_el_acoso_por_razon_de_sexo_en_el_ambito_laboral.pdf>.

> Es una guía para la elaboración de un protocolo de prevención y actuación frente el acoso sexual y el acoso por razón de sexo en el ámbito laboral.

→ Información útil para la mujer y su entorno: cómo detectar y qué hacer, de: <https://violenciagenero.igualdad.gob.es/informacion/informacionutil/>.

En esta página de la Delegación del Gobierno contra la Violencia de Género por una sociedad libre de violencia de género podrás encontrar información sobre qué hacer, sobre cómo detectar la violencia de género.

→ Instituto de las Mujeres, de: <https://www.inmujeres.gob.es/>.

La página del Instituto de las Mujeres nos ofrece estudios y estadísticas sobre las mujeres como emprendimiento, igualdad en las empresas, educación, salud y cultura entre otros.